dtv
premium

ALLES
FRIEDER GAMM
VERHANDLUNGS-
SACHE

So erreichen Sie,
was Sie wollen

dtv

Ausführliche Informationen über
unsere Autoren und Bücher
www.dtv.de

Für Inhalte von Webseiten Dritter, auf die in diesem Werk verwiesen wird,
ist stets der jeweilige Anbieter oder Betreiber verantwortlich,
wir übernehmen dafür keine Gewähr. Rechtswidrige Inhalte waren
zum Zeitpunkt der Verlinkungen nicht erkennbar.

Originalausgabe
© 2018 dtv Verlagsgesellschaft mbH & Co. KG, München
Das Werk wurde vermittelt durch die Agentur SCRIPTZZ.
Es ist urheberrechtlich geschützt.
Sämtliche, auch auszugsweise Verwertungen bleiben vorbehalten.
Umschlaggestaltung: Bärbel Gamm
Gesetzt aus der Scala
Satz: Fotosatz Amann, Memmingen
Druck und Bindung: CPI books GmbH
Gedruckt auf säurefreiem, chlorfrei gebleichtem Papier
Printed in Germany · ISBN 978-3-423-26188-3

Strategie ist der Sieg der Einfälle über die Zufälle.
Frieder Gamm

INHALT

VORWORT

UNSER LEBEN –
EINE EINZIGE VERHANDLUNG

Viele fragen mich: Wie kommt es eigentlich, dass du Verhandlungsexperte geworden bist? Schließlich ist das nicht gerade ein Berufswunsch, der einem nach dem Abitur spontan einfällt. Ich antworte dann immer: »Mir wurde das in die Wiege gelegt.«

Ich bin von meinem vierten bis neunten Lebensjahr in Chile aufgewachsen. Eine Zeit, die, wie sich rückblickend herausstellt, mein ganzes Leben beeinflusst hat. Denn die Chilenen sind wahre Meister im Verhandeln. Und tatsächlich: Ganz gleich, ob Sie einen Klempner anrufen, beim Amt einen Termin vereinbaren wollen oder Ihre Freunde fragen, wann sie bei Ihnen vorbeischauen – eine Antwort, die Sie häufig hören werden, ist: »Mañana – morgen!« Was aber de facto so viel heißt wie »irgendwann einmal«. Hört sich das nicht wesentlich charmanter an als »in drei Wochen« oder »in drei Monaten« oder »gar nicht«?

Der große Vorteil dieser wenig konkreten Aussage besteht darin, dass man sich alles offenhält. Weshalb man dem Klempner, wenn er am nächsten Tag nicht erscheint, auch nicht wirklich böse sein kann. Eine überaus geschickte Art der Vertröstung, die sich meine Mutter, als wir später wieder in Deutschland lebten, selbst zu eigen machte und sich damit eine Menge Stress ersparte. Und das, obwohl sie nicht aus dem Rheinland stammt, der wahrscheinlich einzigen Gegend in Deutschland, der diese chilenische Art der Vertröstung nicht fremd ist. Denn wie heißt es auf dem Schild einer Düsseldorfer Kneipe doch so schön? »Morgen gibt's Freibier!« Aber halt immer erst morgen ...

Doch natürlich kann man sich nicht in allen Situationen so elegant aus der Affäre ziehen. Es gibt genügend Fälle, in denen man sich festlegen und für eine bestimmte Position entscheiden muss. Manchmal sogar recht schnell. Ohne lange zu überlegen.

Für mich gilt das aber nicht, denken Sie jetzt vielleicht. Ich treffe Entscheidungen immer erst, nachdem ich reiflich überlegt habe. Sind Sie sicher? Und ist Ihnen bewusst, dass Sie sich dabei genau genommen in eine Verhandlung begeben? Tatsächlich führen wir tagtäglich so viele Verhandlungen, dass wir die wenigsten überhaupt als solche erkennen.

Sie glauben mir nicht? Wie viele Verhandlungen haben Sie in den letzten vierundzwanzig Stunden schätzungsweise geführt? Drei? Vier? Weit gefehlt. Sie führen bis zu zweihundert pro Tag!

Das kann nicht sein? Aber haben Sie nicht erst heute Morgen mit einigem Hin und Her versucht, Ihrem Kind klarzumachen, dass es nicht trödeln soll, weil es ansonsten zu spät zur Schule kommt und Ärger mit seiner Klassenlehrerin bekommt? Und wie war das noch gleich beim Mittagessen? Haben Sie da nicht schon wieder zwischen dem gesunden Salat mit Putenstreifen und der köstlichen Currywurst mit Pommes geschwankt? Und sich dann für die Currywurst und die knackigen Pommes entschieden, obwohl Sie auf Ihren Cholesterinwert achten sollten und sowieso schon lange abnehmen wollen? Aber ich arbeite doch so hart, denken Sie jetzt sicher, da wird man sich ab und zu doch auch etwas gönnen dürfen ... Genau! Und schon sind Sie mittendrin in einer Verhandlung. Und zwar nicht mit irgendeinem Banker oder Ihrem Chef, sondern mit sich selbst.

Das ist doch keine Verhandlung!, denken Sie vielleicht jetzt, sondern lediglich eine Entscheidung. Das stimmt. Aber jeder Entscheidung, die Sie treffen, geht ein vorheriges Abwägen des Für und Wider voraus. Und auch wenn Sie wie in diesem Fall gar kein echtes Gegenüber haben, mit dem Sie sich auseinandersetzen müssen, befinden Sie sich doch in einem (inneren) Streitgespräch. Sie führen tatsächlich eine Verhandlung mit sich selbst – bei der Sie, wie bei jeder anderen Verhandlung, die Sie führen, vorab Ihre Ausgangssituation klären, ein Ziel festlegen sowie eine entsprechende Strategie und Taktik wählen sollten. Sie sehen: Die Schnittmenge zwischen Entscheidung und Verhandlung ist beträchtlich.

Lassen Sie uns die *Ausgangssituation* bei unserem Beispiel Salat kontra Pommes bestimmen: Sie wollen in zwei Wochen in den lang ersehnten Sommerurlaub fahren. Von Sonne, Strand und Badeklamotten träumen Sie schon seit Wochen. Und natürlich wollen Sie auch eine gute Figur abgeben. Wofür Sie allerdings zwei Kilogramm zu viel auf den Hüften haben. Ihr *Ziel* ist es also, diese zwei Kilogramm bis zum Urlaub abzunehmen. Und mittels welcher *Strategie* könnten Sie das erreichen? Am besten, indem Sie Druck ausüben. Und zwar auf sich selbst. Nun müssen Sie sich nur noch eine geeignete *Taktik* überlegen. Am erfolgversprechendsten ist es wohl, viel Salat und Gemüse zu essen und die kalorienreiche Cola oder Fanta durch ein Glas Wasser zu ersetzen.

Anders verhält es sich, wenn Sie keinen Strand-, sondern einen Wanderurlaub in den Bergen vor sich haben, bei dem Sie sich sowieso viel bewegen und Energie benötigen. Dann sind die Pommes nicht wirklich schlimm und Sie können sie getrost und ohne schlechtes Gewissen genießen.

Tagtäglich führen wir solche kleinen oder großen Verhandlungen, die im Einzelfall nicht wichtig erscheinen, in ihrer Summe jedoch, sowohl beruflich als auch privat, ganz entscheidend zu unserem persönlichen Erfolg und Wohlbefinden beitragen. In meiner langjährigen Tätigkeit als Verhandlungsführer und Einkäufer der Porsche AG habe ich immer wieder erlebt, wie wichtig es gerade für den beruflichen Werdegang ist, sich einer Verhandlungssituation bewusst zu sein. Dabei muss es nicht gleich um einen Millionendeal gehen. Auch Ihr Verhalten in kleinen Verhandlungen entscheidet darüber, ob und wie Sie schlussendlich an Ihr Ziel gelangen.

Doch nicht nur im Beruf, auch im Privatleben ist es nützlich, ein Verhandlungsprofi zu sein und sich durch Emotionalität nicht zu etwas hinreißen zu lassen, das man später einmal bereuen wird. Das ist mir während meiner Scheidung erst richtig klar geworden. Hätte meine Exfrau sich damals emotional leiten lassen und aus der Enttäuschung über unsere nicht geglückte Ehe von mir die Hälfte meiner Firma gefordert, wäre das für keinen von uns beiden eine gute Lösung gewesen, denn damit hätte sie die Firma höchstwahrscheinlich zugrunde gerichtet. Das hätte niemandem genutzt. Und wahrscheinlich hätte ich ihr gegenüber dann auch zukünftig kein allzu großes Entgegenkommen gezeigt. Doch zum Glück ist meine damalige Frau sehr sachlich und analytisch an unsere Scheidung herangegangen. Mit dem Ergebnis, dass meine Firma weiterbesteht und wir zu den wenigen geschiedenen Paaren gehören, die sich noch immer gut verstehen. Was wiederum ein großes Plus für unsere gemeinsame Tochter ist. Kurzum, wir haben es durch eine gelungene Verhandlung geschafft, aus einer verfahrenen Situation herauszufinden und sie ohne Rosenkrieg zu einem zufriedenstellenden Ende zu bringen.

Das alles wäre nicht möglich gewesen, wenn wir uns nicht darüber bewusst gewesen wären, dass wir uns in einer Verhandlung befinden. Denn wenn man nicht weiß, dass man gerade dabei ist, eine Verhandlung zu führen, wie will man dann für sich das bestmögliche Ergebnis erzielen?

Wie Sie eine Verhandlung erkennen, führen und für sich nutzen können, werde ich Ihnen in diesem Buch systematisch nahebringen. Vielleicht, damit Sie in fünf Jahren den lang ersehnten Chefsessel erklimmen. Vielleicht, damit Sie Ihren Traum von einem Leben auf einer sonnigen Insel endlich verwirklichen können. Vielleicht aber auch einfach nur, damit Sie nicht jeden Morgen mit Ihrem Kind Diskussionen führen müssen. In jedem Fall aber, um Ihnen zu helfen, leichter und schneller an Ihre Ziele zu gelangen.

KAPITEL I

WICHTIGE TOOLS:
DIE MIKRO- UND DIE META-EBENE

Sie kennen das: Sie sind in einem Meeting und der wichtigtuerische Kollege vom nächsten Büro nutzt schon wieder die Besprechung zur Selbstdarstellung. Immer wieder nervt er Sie mit seinen altklugen Kommentaren. Als er Ihnen bei Ihrem wichtigsten Projekt in die Parade fährt, fahren Sie aus der Haut. »Halten Sie doch endlich mal die Klappe!«, entfährt es Ihnen. Wieder einmal ist es ihm gelungen, Sie aus der Fassung zu bringen.

Ein solches Verhalten kommt aus der sogenannten Mikro-Ebene. Auf ihr befindet man sich, wenn man die Kontrolle verliert und nicht mehr das tut oder sagt, was man sich eigentlich vorgenommen hat. Wenn der Bauch das Kommando übernimmt und das Hirn abschaltet.

Bitte nicht in Verhandlungen! Das Zauberwort hier heißt: Meta-Ebene. Die Meta-Ebene ist eine Art geistige Vogelperspektive, aus der Sie die Dinge mit räumlichem, aber auch mit emotionalem Abstand betrachten. Sehr kontrolliert.

Sie brauchen dieses wichtige Instrument sowohl in der Vorbereitung als auch in der Durchführung Ihrer Verhandlungen. Ich werde die Mikro- und die Meta-Ebene im weiteren Verlauf des Buches anhand von Beispielen noch häufiger erwähnen, so dass Sie sich auf diesem Parkett bald sicher bewegen können.

Doch was sind nun genau diese beiden Tools, die für die

Verhandlung so unabdingbar sind? Und wie vermeiden wir, dass die Emotionalität in einer Verhandlung die Oberhand gewinnt? Indem wir, wenn wir merken, dass wir emotional verhaftet sind, uns aus der konkreten Situation – der Mikro-Ebene – herausziehen und uns die Gesamtsituation von außen – der Meta-Ebene – ansehen.

Das hört sich wesentlich schwieriger an, als es ist, und lässt sich am einfachsten an einem Beispiel aus dem Alltag erklären. Stellen Sie sich also vor, Sie fahren auf der B27 von Tübingen nach Stuttgart und stehen im Stau. Im übertragenen Sinne sind Sie in der Verhandlung in einer Sackgasse, Sie kommen nicht mehr weiter. Welche zwei Möglichkeiten der Reaktion haben Sie? Umdrehen und zurück nach Tübingen fahren ist die eine. Abwarten, ob/bis sich der Stau auflöst, die andere. Doch beide bringen Sie Ihrem Ziel jetzt nicht näher. Was also tun?

Sie müssen sich aus der Mikro-Ebene, dem Stau, herausziehen und auf die Meta-Ebene begeben. Denn nur dort, von oben, haben Sie emotionalen und räumlichen Abstand zu der Verkehrs- und Verhandlungssituation und können aus einer Vogelperspektive erkennen, wie Sie doch noch zu Ihrem Ziel gelangen: indem Sie zum Beispiel den (nicht ganz erlaubten) Feldweg nutzen. Beziehungsweise im Gespräch das Thema wechseln. Beim Autofahren ist das Navigationsgerät die Meta-Ebene des modernen Autofahrers.

Lassen Sie mich Ihnen noch ein weiteres Beispiel geben, um das Prinzip deutlich zu machen: Stellen Sie sich vor, Sie sitzen ohne Fahrkarte in der U-Bahn, weil Sie errechnet haben, dass Sie selbst bei dreimaligem Erwischtwerden immer noch weniger bezahlen, als wenn Sie stets ordnungsgemäß ein Ticket lösen. Sie steigen also ohne gültigen Fahrschein in die Bahn. Und just, als sich die Tür schließt und

Sie anfangen, sich zu entspannen, rufen zwei junge Herren am vorderen und hinteren Ende des Waggons sehr bestimmt: »Ihre Fahrscheine bitte!«

Was tun Sie? Im ersten Moment erstarren Sie natürlich zur Salzsäule. Denn auch wenn Sie damit rechnen mussten, ist es unangenehm, erwischt zu werden. Sie stecken also ganz schön in der Bredouille. Was ist die Grundvoraussetzung, um dieses Problem überhaupt lösen zu können? Zeit? Eine geschickte Ausrede? Vorbereitung? Nein, Sie müssen zuallererst das Problem erkennen. Das mag in diesem Fall nicht besonders schwierig sein, schließlich haben Sie keine Fahrkarte. Aber es gibt auch andere Situationen, und von einer solchen möchte ich Ihnen kurz berichten, bevor ich wieder zum Schwarzfahren in der U-Bahn zurückkomme.

Ich kann mich noch genau daran erinnern, wie ich, erst dreiundzwanzig Jahre alt, als Einkäufer bei Porsche wöchentlich ins Entwicklungszentrum fuhr, um mich mit fünf Technikern abzustimmen, die gefühlt schon seit einer halben Ewigkeit hier arbeiteten. Und sich dementsprechend gut auskannten. Trotzdem kam ich mit einem flotten Spruch auf den Lippen daher, kam mir ganz besonders souverän vor und wunderte mich, warum meine Gesprächspartner mit mir auf Konfrontationskurs gingen. Ach, dachte ich mir, die sind eben humorlos. Und verstehen meinen Witz nicht. Was für Idioten! Doch dass es nicht fünf, sondern nur einen Idioten gab – nämlich mich! –, darauf kam ich erst einige Zeit später. Denn ich hatte die ganze Zeit nicht darüber nachgedacht, welche Erwartungshaltung die Techniker hatten.

Wovon waren sie ausgegangen? Dass sie auf einen seriösen Einkäufer treffen, der entsprechendes Einkaufs-Know-how besitzt. Und was hatten Sie bekommen? Einen jungen, unerfahrenen Sprücheklopfer, der sich selbst viel zu wichtig nahm. Was galt es also zu ändern? Mein Verhalten. Denn das war das Problem gewesen. Doch das wurde mir erst nach diversen Kommunikationstrainings klar. Ab diesem Zeitpunkt habe ich versucht, mein Know-how mit einem seriösen Auftreten zu verbinden. Und als ich nun nach zwanzig Minuten meinen ersten Witz machte, hatte ich alle fünf auf meiner Seite.

Sie sehen also, es ist durchaus nicht immer so einfach, das Problem sofort zu erkennen. Aber es ist die Grundvoraussetzung, um einen Konflikt lösen zu können. Ja, ich wage die Prognose, dass viele Menschen ihr Problem deshalb nie gelöst bekommen, weil sie es nicht bei sich, sondern bei anderen suchen. So wie es bei mir der Fall war ...

Doch kommen wir nun wieder zu unserem Beispiel mit den Fahrkartenkontrolleuren zurück: Was können Sie tun, wenn Sie Ihr Problem erkannt haben? Sie können zum Beispiel versuchen, zwischen sich und die Kontrolleure Abstand zu bringen. Vielleicht reicht es ja noch bis zur nächsten Haltestelle. Oder einen Ohnmachtsanfall vortäuschen, um dann im entscheidenden Moment aus der Bahn zu springen. Oder sich als ahnungsloser Tourist ausgeben. In jedem Fall sind bei der Lösung des Problems der Phantasie keine Grenzen gesetzt. Wichtig ist nur, dass Sie nicht auf der Mikro-Ebene – Hilfe, ich habe keine Fahrkarte! – verharren, sondern in die Meta-Ebene springen. Doch wie viel Zeit haben Sie dafür?

Das hängt davon ab, wie schnell die Schaffner bei Ihnen

sind. Viel ist es jedenfalls nicht. Deshalb müssen Sie in dieser Situation auf beiden Ebenen parallel an der Lösung des Problems arbeiten. Das heißt: Sie müssen auf der Mikro-Ebene agieren und reagieren, während Sie gleichzeitig auf der Meta-Ebene analysieren und eine Strategie entwickeln. Was geschehen kann, wenn man den Sprung von der Mikro-Ebene auf die Meta-Ebene nicht schafft, habe ich selbst immer wieder auf meinen USA-Reisen erfahren. Oft bin ich dort zum Shoppen in die großen Outlets gefahren, um für einen Spottpreis Kleidung und Accessoires von renommierten Firmen zu kaufen. Und unglaublich viel Geld zu sparen. Bis ich eines Tages einen kritischen Blick in meinen Kleiderschrank warf. Und feststellte, dass ich etliche Kleidungsstücke noch nie getragen, bei manchen noch nicht einmal die Etiketten entfernt hatte. Warum hatte ich sie dann überhaupt gekauft?

Weil ich nicht den Pulli, die Hose oder das T-Shirt haben wollte, sondern den Rabatt! Und den konnte ich nun mal nicht anziehen. Der Rabatt war es gewesen, der mich »anzog«, und so hatte mich das Gefühl, eine große Summe sparen zu können, auf der Mikro-Ebene dazu verleitet, Kleidungsstücke zu kaufen, die ich von der Meta-Ebene aus betrachtet nicht brauchte und die mir im Nachhinein auch gar nicht besonders gefielen. Ich hatte Geld ausgegeben, ohne einen Nutzen davon zu haben.

Etwas Ähnliches konnte ich übrigens auch während meiner Zeit bei Porsche beobachten. Porsche veranstaltete für die Mitarbeiter Ende des Jahres, bevor die neue Kollektion kam, immer einen Ausverkauf seiner Merchandisingartikel, auf die man dann neunzig Prozent Rabatt bekam. So konnte man Luxusartikel äußerst günstig erwerben. Bei einer dieser jährlichen Aktionen wurde ein wunderschöner lederner Kleidersack für 120 Euro angeboten. Der Neupreis lag bei 1200 Euro. Ein unglaubliches Schnäppchen also, weshalb die Mitarbeiter auch Schlange standen, um sich einen der Kleidersäcke zu sichern. Auch ich interessierte mich für das Produkt, doch ich schaute es mir erst einmal gründlich an. Und was soll ich sagen? Wenn man in diesen Kleidersack einen Anzug stecken wollte, um ihn von einem Ort zum anderen zu transportieren, musste man ihn vorher vier Mal falten. Was den Sack, der ja gerade einen Transport in faltenfreiem Zustand ermöglichen soll, völlig unnütz machte. Doch darüber haben die meisten Mitarbeiter in der Schlange gar nicht nachgedacht. Sie haben ebenso wie ich in den amerikanischen Outlets nur die Einsparung und nicht das Produkt gesehen, und sich auf der Mikro-Ebene von dem vermeintlichen Profit leiten lassen.

Fassen wir alles noch einmal kurz zusammen: Um nicht in Gefahr zu geraten, während einer Verhandlung von der eigenen Emotionalität beeinflusst zu werden, ist es wichtig, sich von der Mikro-Ebene auf die Meta-Ebene zu bewegen.
Dafür müssen wir:

1. Ein Problem auf der Mikro-Ebene haben

2. Unser Problem auf der Meta-Ebene erkennen

3. Unser Problem auf der Meta-Ebene analysieren

4. Auf der Meta-Ebene unserem Problem angemessene Lösungen finden

5. Die gefundenen Lösungen auf der Meta-Ebene hinsichtlich Umsetzung und Erfolgsaussicht bewerten

6. Eine Lösung auf der Meta-Ebene auswählen

7. Die Lösung auf der Mikro-Ebene umsetzen

Das klingt stimmig und nachvollziehbar. Doch kann es eine Weile dauern, bis Sie die Kunst beherrschen, diese ganzen Prozesse parallel ablaufen zu lassen. Wir rutschen eben doch zu leicht in die Emotionen, sprich in die Mikro-Ebene ...

Zu den Faktoren, die Ihnen dabei helfen, auf der Meta-Ebene zu bleiben, gehört zum Beispiel, dafür zu sorgen, dass Sie ausgeruht in die Verhandlung gehen. Und satt. Ich jedenfalls springe, wenn ich hungrig bin, schnell auf meine Mikro-Ebene. Auch wenn ich weiß, dass das für eine Verhandlung keine gute Ausgangssituation ist. Aber ein knurrender Magen löst bei mir leider vor allem eines aus: schlechte Laune und Ungeduld.

Und sicher nicht nur bei mir. Es gibt ja auch das schöne Beispiel aus der TV-Werbung: *Du bist nicht Du, wenn Du hungrig bist.* Da wird ein Sportler zur absoluten Diva und beruhigt sich erst, nachdem er einen Schokoriegel zu sich genommen hat. Erst dann wird er wieder er selbst. Sehr erheiternd ist auch die Szene eines anderen Werbespots. Gerade als die junge Ehefrau voller Hunger die Gabel zum Mund führt, will ihr Mann ihr den Bissen wegschnappen. Sie hätte ihm beinahe die Gabel in den Finger gerammt! Ja, der Hunger kann einen direkt auf die Mikro-Ebene treiben! Sorgen Sie also vor jeder Verhandlung dafür, dass

Sie ausreichend, aber nicht zu viel gegessen haben. Denn eine fettige Schweinshaxe im Magen macht müde und träge. Und auch das ist für eine Verhandlung nicht gerade förderlich.

Auf was gilt es noch zu achten?

Ich rate auch immer dazu, nicht alleine in eine wichtige oder emotionale Verhandlung zu gehen – vor allem dann, wenn Sie und Ihr Gegenüber sich nicht grün sind. In diesem Fall ist es gut, jemanden bei sich zu haben, der die ganze Situation wieder objektiviert.

Ebenfalls rate ich Ihnen, vorab schon kleinere Pausen einzuplanen. Nicht nur, um alle Informationen in Ruhe sacken zu lassen, sondern auch, um sich mit den Kollegen abzusprechen: Wie weit sind wir bisher gekommen? Gibt es eine realistische Chance, unser Ziel zu erreichen? Und wenn ja, haben wir die richtige Strategie? So können Sie auch noch während der Verhandlung nachjustieren und sie gegebenenfalls der aktuellen Situation anpassen. Aber bitte immer von der Meta-Ebene aus.

Falls Sie keine Pausen eingeplant haben und merken, dass die Verhandlung stockt, können Sie sich für einen Moment auf die Toilette entschuldigen oder um einen Kaffee bitten, um so eine kleine Gedankenpause einlegen und ein wenig Abstand gewinnen zu können. Das kann gerade, wenn man unerwartet mit neuen Informationen konfrontiert wird, sehr hilfreich sein. Und bewahrt einen davor, sich unüberlegt, zu schnell oder impulsiv zu einer Aussage hinreißen zu lassen.

Ein Meister der Meta-Ebene war der ehemalige Bundeskanzler Helmut Schmidt. Auch in seinen letzten Jahren war er noch in vielen Talkshows und wurde natürlich zu heiklen Dingen befragt. Auf kritische Fragen pflegte er immer nach demselben Muster zu reagieren: Bevor er antwortete, holte er eine Schachtel Zigaretten aus dem Jackett. Packte gemächlich eine Zigarette aus, klopfte sie, fischte sein Feuerzeug aus der Tasche, zündete die Zigarette an und nahm genüsslich einen tiefen Zug. Pustete aus. Dann erst antwortete er. Gefühlte dreißig Sekunden Meta-Ebene. Und genug Zeit für eine wohlüberlegte Antwort. Spontane Antworten waren von ihm nicht zu erwarten.

Spontanität kann im Privatleben etwas sehr Schönes sein, in einer Verhandlung jedoch verleitet sie einen häufig zu Fehlentscheidungen. Denn, und da sind wir auch schon wieder bei dem Thema Emotionalität: Die meisten spontanen Entscheidungen und Ideen kommen aus dem Bauch. Und der kann uns leider, auch wenn wir einen noch so guten Instinkt haben, manchmal eben doch täuschen.

Sie sehen also, dass wir einige Faktoren berücksichtigen müssen, damit wir auch konstant auf der Meta-Ebene bleiben können. Ja, selbst die Wahl der passenden Kleidung halte ich für einen entscheidenden Faktor, den man nicht vernachlässigen darf, wenn man sich voll und ganz auf die Verhandlung konzentrieren will.

Ich weiß noch gut, wie ich zu einem Workshop fuhr und erst im Hotel bemerkte, dass ich meine Unterhemden vergessen hatte. Prinzipiell keine Katastrophe, aber da für mich ein Unterhemd zu einem Anzug plus Hemd einfach dazugehört, war es schon ein schlechter Start in den Workshop. Als Notlösung nahm ich ein weißes T-Shirt mit Aufdruck, das ich als Freizeitkleidung dabeihatte, und zog es unter meinem weißen Hemd verkehrt herum an, damit man den Aufdruck nicht sehen konnte. Besser als nichts, dachte ich, dann lasse ich das Jackett eben an. Allerdings war es just an diesem Wochenende ganz besonders warm, so dass mir nach einer Weile gar nichts anderes übrig blieb, als meine Jacke doch auszuziehen. Da ich wusste, dass man das Logo von hinten sieht, war ich ständig damit beschäftigt, mit dem Rücken zur Wand zu stehen. Was glauben Sie, was mich das an Konzentration gekostet hat?

Fassen wir also noch einmal alles, was wir über die Meta-Ebene erfahren haben, zusammen: Die Meta-Ebene ist eine übergeordnete Ebene, von der aus wir mit einem gewissen Abstand die Situation neutral betrachten und analysieren können. Sie können sie auch Vogelperspektive, Hubschrauberposition oder Feldherrenhügel nennen.

In der Vorbereitungszeit nutzen wir die Meta-Ebene, um Daten und Fakten zu sammeln, zu sortieren, zu analysieren und daraus die richtigen Strategien und Taktiken abzuleiten. Auch die Auswahl meines Verhandlungsteams wird von der Meta-Ebene aus entschieden.

Während der Verhandlung ist die Meta-Ebene wichtig, um sich selbst von einer neutralen Position aus zu beobachten und zu überprüfen, ob man (noch) auf dem richtigen Weg ist und wie das Gegenüber agiert. Weshalb es auch ratsam ist, immer wieder kurze Pausen einzulegen, um die Gesamtsituation mit kühlem Kopf betrachten zu können.

KAPITEL II

DIE DREI
GRUNDPFEILER DER VERHANDLUNG

■■■■■■■■■■■■■■■■ Bevor Sie in eine Verhandlung gehen, ganz gleich, ob es eine mit Ihrem Chef, dem Manager der Robert Bosch GmbH oder Ihrem Automechaniker ist, müssen Sie sich über drei Punkte im Klaren sein:

○ Die Ausgangssituation

○ Die Zieldefinition

○ Die Strategie und Taktik

Das hört sich furchtbar kompliziert und nach jeder Menge Arbeit an. Aber ich garantiere Ihnen, Sie werden sich ganz im Gegenteil sehr viel Arbeit ersparen, wenn Sie diese Punkte bedenken, bevor Sie sich in eine Verhandlung begeben. Wie zum Beispiel mühsames Nachverhandeln.

1. DIE AUSGANGSSITUATION

Ich erinnere mich noch sehr gut daran, wie meine Tochter Paula vor einigen Jahren abends von einem Kindergeburtstag nach Hause kam. Sie war ungefähr sechs oder sieben Jahre alt. Todmüde und aufgedreht zugleich, wie Kinder nach einem solchen Tag eben sind, warf sie ihre Jacke auf den Boden und ging Richtung Wohnzimmer. Ich bat sie, ihre Jacke aufzuhängen. Eine ganz normale Bitte eigentlich. Doch meine Tochter fing sofort an zu weinen und rannte völlig aufgelöst in ihr Zimmer. Perplex fragte ich meine Frau, weshalb Paula wohl so überreagiert habe. Dabei hätte ich mir die Antwort selbst geben können, denn natürlich war meine Tochter nach einem langen Schultag und einer aufregenden Kinderparty extrem müde und demzufolge auch nicht empfänglich für irgendwelche Aufforderungen. Es war also schlicht und ergreifend der falsche Zeitpunkt gewesen, um Paula in Sachen Ordnung erziehen zu wollen. Denn nur wenn mein Gegenüber bereit ist, sich auf eine Verhandlung einzulassen, kann ich mein Ziel – hier die Einsicht, dass man auch als Kind seine Jacke nicht einfach auf den Boden wirft, sondern an der Garderobe aufhängt – überhaupt erreichen.

Wann wäre der ideale Zeitpunkt gewesen, um mit Paula über das Jacken-Thema zu sprechen? Zum Beispiel am nächsten Morgen beim Frühstück, wenn sie ausgeruht vor einem Teller mit ihren Lieblingscornflakes sitzt. Oder am Nachmittag, wenn wir gemeinsam ein Eis essen und eine entspannte Stimmung herrscht. Aber eben nicht ausgerechnet dann, wenn sie nach einem langen, aufregenden Tag müde nach Hause kommt und mit größter Wahrscheinlichkeit nur noch von der Mikro-Ebene aus reagieren kann. Spannenderweise entwickeln Kinder so ab dem sechsten Lebensjahr die Fähigkeit zur Meta-Ebene. Meine Tochter hat mich öfter mal zu meinen Vorträgen begleitet. Und dann auf dem Heimweg nach einigem Nachdenken gefragt: »Du Papa, warum hast du vorher in deinem Vortrag gesagt, ...?« Es war ihr deutlich anzusehen, dass sie in dem Moment auf der Meta-Ebene war und sich über das Gehörte ihre Gedanken machte.

Okay, in Bezug auf Kinder leuchtet Ihnen das vielleicht ein, aber funktioniert das auch bei einem von seiner Ratio geleiteten Manager, der sich nur für harte Zahlen und Fakten interessiert?

Und ob das funktioniert. Ich will Ihnen gern auch hierzu ein Beispiel nennen: Vor einigen Jahren ist ein Einkäufer an uns herangetreten, der sich auf eine Verhandlung mit einem monopolistischen Verkäufer vorbereiten wollte. Diesem eilte der Ruf voraus, ein extrem harter Verhandler zu sein. Was haben wir also gemacht? Wir haben uns angesehen, mit wem genau wir es eigentlich zu tun haben. Was sind seine Vorlieben? Ist er eher ein Stadtmensch oder ein Naturfreund? Ist er verheiratet? Hat er Kinder, und wenn ja, wie viele? Das alles sind Fakten, die in die Verhandlung miteinfließen. Denn natürlich wird ein junger, gutaussehender Mann, der am liebsten Selfies am Strand macht, nicht auf ein Gespräch über die Oberflächlichkeit der Gesellschaft einsteigen.

Bevor wir uns mit unserem Verhandlungspartner treffen, machen wir uns also ein Bild von ihm. Wir lernen ihn kennen, indem wir uns ein Profil von ihm erarbeiten – was dank Facebook, Xing und Google heute wesentlich leichter ist als noch vor zwanzig Jahren. Allein, wenn wir den Namen unseres Verhandlungspartners bei Google eingeben, werden wir schon einiges über ihn und seine Vorlieben erfahren und derart vorbereitet vermeiden, unbeabsichtigt in ein Fettnäpfchen zu treten.

So fanden wir bei besagtem Verkäufer heraus, dass er zwar im Berufsleben ein knallharter Geschäftsmann, privat jedoch ein wahrer Genießer ist, der gern gut isst und trinkt und seit vielen Jahren im Sommer mit seiner Frau im Wohnmobil nach Südtirol fährt. Und wie es der Zufall so wollte, hatte unser Kunde ein Werk in Südtirol.

Was gingen wir also vor? Wir haben unserem Kunden geraten, die Verhandlung unter einem Vorwand auf einen Donnerstagmorgen nach Südtirol zu verlegen. Und was meinen Sie, wann der Geschäftsmann anreist? Am Mittwochnachmittag. Mit wem? Mit seiner Frau. Und wie? Natürlich im Wohnmobil. Und wenn er dann am nächsten Morgen aufsteht und sich vor dem Spiegel im Waschraum auf dem Campingplatz für seinen Termin fertigmacht, was ist dann wohl sein erster Gedanke? Ganz klar: »Nach dem Termin verbringe ich mit meiner Frau hier ein tolles Wochenende.« Und was werden die letzten Worte zu seiner Frau sein, bevor er aufbricht? Ziemlich sicher: »Ich beeile mich, dann machen wir uns heute Nachmittag einen schönen Tag auf dem Markt.«

Diesem Verkäufer gelingt es im Leben nicht, während der Verhandlung die Fäuste nach oben zu reißen und auf Sie loszugehen. Denn dadurch, dass Sie die Ausgangssituation an seine Vorlieben und Hobbys angepasst und ihm einen unverhofften Kurzurlaub ermöglicht haben, ist er Ihnen gegenüber so positiv eingestimmt, dass er viel nachgiebiger sein wird, als es sonst seine Art ist. Ja, Ihr Lieferant würde Sie für das schöne Wochenende, das er Ihnen verdankt, am liebsten umarmen und Ihnen eine Flasche Rotwein in die Hand drücken. Hier greift das Prinzip: »Do good, feel good. Feel good, do good.«

Hätten Sie indes die gleiche Verhandlung hunderte von Kilometern entfernt an einem Freitagmorgen in Stuttgart geführt, hätte es sein können, dass derselbe Verhandlungspartner seinen Aktenordner auf den Tisch geknallt und wenig kompromissbereit auf einen Abschluss gedrängt hätte. Weshalb? Weil seine Frau bereits draußen im Wohnmobil auf ihn gewartet hätte, damit sie im Anschluss gemeinsam nach Südtirol fahren können. Zwischen dem Kurzurlaub und ihm liegt nur noch ein beiseitezuschaffendes Hindernis: Sie! Und zwar schnell!

Sie sehen also, wie wichtig es für eine erfolgreiche Verhandlungsführung sein kann, sich über dieses kleine, aber entscheidende Faktum der Ausgangssituation Gedanken zu machen. Doch ebenso wichtig wie die Ausgangssituation ist die Frage, wohin Sie in der Verhandlung wollen. Denn nur, wer weiß, welches Ziel er im Auge hat, kann dieses auch verfolgen und schließlich erreichen. Womit wir schon bei dem nächsten wichtigen Punkt gelandet wären: der Zieldefinition.

2. DIE ZIELDEFINITION

Ganz gleich, welcher Art die Verhandlung ist, die Sie führen werden: Legen Sie bitte Ihr Ziel vorher fest, denn häufig wissen wir nur ungefähr, wohin die Reise gehen soll. Zum Beispiel, dass wir eine Gehaltserhöhung haben wollen oder dass unser Sprössling nach der zigtausendsten Du-musst-früher-ins-Bett-gehen-Diskussion sich an klare Abmachungen hält. Dafür müssen wir im Vorfeld klären, ob dieses Ziel erstens *realistisch* und zweitens *messbar* ist. Denn wenn Sie Ihrem Chef sagen, dass Sie sich ein Gehalt wünschen, das deutlich über Ihrem bisherigen Lohn liegt, ist das für ihn keine messbare Forderung. Und wenn Sie das Doppelte wollen, schon gar nicht realistisch. Es sei denn, Sie haben gerade eben einen Millionendeal eingetütet und er möchte Sie um nahezu jeden Preis in der Firma halten. In diesem Fall würde die Ausgangssituation natürlich eindeutig für Sie sprechen. (Sie sehen schon, wie sehr die Grundpfeiler einer erfolgreichen Verhandlung miteinander verwoben sind.)

Wenn Sie aber, was viel wahrscheinlicher ist, ohne eine vorausgegangene Großtat eine Gehaltserhöhung durchsetzen wollen, dann sollten Sie sich konkret überlegen, an wie viel Prozent Sie dabei denken. Sie brauchen also eine genaue Zieldefinition, die sich wiederum in ein Minimalziel und ein Maximalziel unterteilt. Was der Unterschied zwischen diesen beiden Zielen ist und weshalb sie für unsere Verhandlungsführung so wichtig sind, werde ich Ihnen nun genauer erklären.

Wenn ich bei meinen Vorträgen hochkarätige Verkäufer frage, welches der beiden Ziele wichtiger ist, das Minimal- oder das Maximalziel, dann schallt es mir einhellig entgegen: das Maximalziel. Ist doch klar!

Leider nicht. Ganz im Gegenteil. Das wichtigere Ziel ist das Minimalziel. Denn unter dieses Ziel dürfen Sie sich nicht begeben, weil Sie sonst als Verlierer aus der Verhandlung herausgehen. Das Maximalziel ist nur das Optimum, das Sahnehäubchen, das wir zwar gerne hätten, ohne das unser Eis aber auch noch sehr gut schmeckt. Und das wir eben nur ab und zu bekommen.

Ja aber, fragen Sie sich jetzt sicher, was geschieht, wenn ich selbst das Minimalziel nicht erreichen kann? Wenn mein Chef trotz guter Argumente und guter Vorbereitung immer noch nicht zu einer Gehaltserhöhung bereit ist? Dann befinden wir uns im sogenannten Worst-Case-Szenario und haben hoffentlich einen Plan B in der Hinterhand. Zum Beispiel den unterschriftsreifen Vertrag einer anderen Firma.

Lassen Sie mich den Unterschied zwischen einem Minimal- und einem Maximalziel an einem Beispiel verdeutlichen, das wir alle kennen: der Vorbereitung zu einem Vorstellungsgespräch. Stellen Sie sich vor, Sie haben gerade Ihr Studium beendet und gleich zwei Jobangebote an Land gezogen. Eines in Berlin, einer pulsierenden jungen Stadt, in der Sie schon immer leben wollten, und ein anderes in Bonn, einer Stadt, deren Lage Sie eher langweilig finden und die Ihnen in Ihrer momentanen Lebenssituation auch als zu gesetzt erscheint. Welches Bewerbungsgespräch würden Sie in diesem Fall als Erstes vereinbaren?

In Berlin, höre ich Sie rufen. Ist doch klar!

Falsch gedacht. Sie sollten zuerst nach Bonn fahren. Dort können Sie, weil Sie auf der emotionalen Ebene völlig frei sind und sowieso lieber nach Berlin gehen würden, knallharte Forderungen stellen. Und ein Jahresgehalt von vielleicht 60 000 Euro aushandeln. Danach fahren Sie nach Berlin, wo Sie mit einem sehr guten Angebot in der Tasche nun viel härter und entschiedener auftreten können, als wenn Sie sofort dorthin gefahren wären. Und wo Sie Ihr Minimalziel auf – sagen wir mal – 54 000 Euro definieren können. Zehn Prozent weniger als in Bonn wäre Ihnen Berlin schon wert!

So weit, so gut. Was aber geschieht, wenn das minimale Jahresgehalt, das Sie sich als Ziel für die Verhandlung in Berlin gesetzt haben, um 2000 Euro unterschritten wird?

Dann schlage ich trotzdem zu!, schallt es mir entgegen. Ich möchte doch so gern nach Berlin.

Aha. Und bei 50 000 Euro?

Hm, das ist zwar schon wesentlich weniger als gedacht, aber ich würde es im Zweifel immer noch machen, höre ich von etwa der Hälfte von Ihnen. Hauptsache Berlin!

Sollten Sie nicht, entgegne ich Ihnen scharf. Denn wofür haben Sie sich ein Minimalziel gesetzt? Minimalziele sind nicht dazu da, um unterschritten zu werden. Selbst wenn es nur um einen Euro geht. Sie müssen Ihre Minimalziele einhalten, sonst bräuchten Sie solche gar nicht erst festzulegen.

Okay, denken Sie jetzt vielleicht. Aber was ist, wenn ich mein Minimalziel innerhalb der Verhandlung einfach verändere? Wäre das denn eine Möglichkeit, um doch noch in meine Traumstadt Berlin zu gelangen?

Ich rate Ihnen dringend davon ab. Während einer Verhandlung sollte man sein Minimalziel niemals neu justieren. Warum? Weil Sie sich Ihr Ziel idealerweise in der Vorbereitungsphase gesetzt haben, in der Sie genug Zeit und Ruhe hatten, um sich ausführlich damit zu beschäftigen. Vielleicht haben Sie sogar mit Ihrem/Ihrer Partner/in, den Kollegen und Freunden darüber diskutiert und sind erst nachdem Sie alle Vor- und Nachteile abgewogen haben, zu Ihrer Entscheidung gekommen. Nun aber befinden Sie sich mitten in der Verhandlung. Wahrscheinlich haben Sie sich schon eine ganze Weile konzentriert, sind müde und fahrig und wollen eigentlich nur noch zum Ende kommen. Das ist – ehrlich gesagt – der schlechteste Moment, um Ziele neu zu definieren beziehungsweise Ihren Emotionen anzupassen.

Ich spreche hier aus eigener Erfahrung, denn vor etlichen Jahren ist es mir passiert, dass ich, weil ich während einer Verhandlung mein festgelegtes Ziel leichtfertig verändert habe, anstatt 4000 DM, so wie ich es mir vorgenommen hatte, mehr als das Dreifache für einen Fernseher ausgegeben habe. Ich war damals gerade in eine neue große Wohnung gezogen, in der mein kleiner alter Fernseher völlig verloren aussah. Daher nahm ich mir kurzentschlossen vor, einen neuen zu kaufen. Maximal 4000 DM wollte ich dafür lockermachen – ein stolzer Preis, für den ich sicher ein sehr gutes Gerät bekommen würde, so dachte ich. Und ging frohen Mutes los, um es zu erstehen.

In der Fernsehabteilung eines Fachgeschäftes angekommen, stellte ich jedoch fest, dass ich für 2000 DM mehr einen Fernseher mit einem wesentlich größeren Bildschirm haben könnte. Und wie es der Zufall so wollte, kam just in diesem Moment ein Verkäufer vorbei. Natürlich sah er sofort, dass ich mich zwischen den beiden Geräten nicht entscheiden konnte. Profi, der er war, ergriff er die Gelegenheit und pries voller Inbrunst die Vorteile des teureren Fernsehers an. Und innerhalb von wenigen Minuten hatte ich einfach so aus dem Bauch heraus mein Budget mal kurz um fünfzig Prozent erhöht. Doch damit nicht genug. Gewieft, wie der Verkäufer war, fragte er mich direkt: »Ja, aber haben Sie denn auch einen Beamer?«

Die waren noch ziemlich neu auf dem Markt, ich jedenfalls hatte keinen. Also zog er mich in einen Verkaufsraum, in dem ein Beamer mit Soundanlage und allem, was dazugehört, stand, und sobald er ihn anwarf, war mir klar: den brauche ich unbedingt! Der ist perfekt für meine neue Wohnung. »Ja aber«, hakte der Verkäufer weiter nach, »haben Sie denn auch die entsprechende Soundanlage dafür?«

Auch die hatte ich natürlich nicht. Denn ich besaß immer noch dieselbe Stereoanlage, die ich mir von meinem ersten Gehalt gekauft hatte. Kurzum: Als ich schlussendlich eine Stunde später aus dem TV-Fachgeschäft ging, hatte ich anstelle von 4000 satte 12 000 DM ausgegeben.

Sie sehen an diesem Beispiel, wie gefährlich es ist, wenn man sein zuvor grob definiertes Ziel während einer Verhandlung aus dem Bauch (Mikro-Ebene!) heraus unüberlegt verändert.

Drei Monate später schmiss ich übrigens meinen gut dotierten Job hin und musste erneut umziehen – in eine kleinere Wohnung. Dort war dann leider nur noch Platz für meinen alten Fernseher, weshalb die gerade erworbene Ausstattung im Keller landete. Aber wie heißt es so schön: Man lernt am besten aus seinen eigenen Fehlern.

Grundsätzlich gilt also: Das Minimalziel muss VOR der Verhandlung klar definiert sein und darf während einer Verhandlung nicht verändert werden. Es sei denn, während der Verhandlung ändert sich die Ausgangssituation. Und Sie sehen zum Beispiel beim Querchecken der Preise die Sonderaktion eines anderen Elektronikfachgeschäftes, das gerade heute sensationelle dreißig Prozent Rabatt auf Fernseher anbietet. Wobei ich auch in diesem Punkt sehr vorsichtig wäre und Ihnen dazu raten würde, lieber auszuweichen, um Zeit zum Nachdenken und Prüfen zu gewinnen.

Die hätte ich beim Kauf meines Fernsehers gut gebrauchen können, denn dann wäre ich wahrscheinlich deutlich günstiger weggekommen. Aber auch hier war das Hauptproblem der Verhandlung mit mir selbst, dass ich eigentlich gar keine klaren Ziele definiert hatte. Die 4000 DM waren weder als Minimal- noch als Maximalziel definiert, sondern sollten mir und meinem Bauchgefühl eher als grobe Richtschnur dienen. Und dem Bauchgefühl war am wichtigsten, einen Fernseher zu kaufen. Preis ungefähr 4000 DM. Der Fokus lag eindeutig auf *kaufen*, nicht auf *preisgünstig kaufen*.

Zusammengefasst können wir also festhalten, dass unser Ziel vor allem eins sein muss: smart. SMART steht in diesem Fall natürlich nicht für ein besonders elegantes und charmantes Ziel, sondern ist eine Abkürzung für die Eigenschaften, die unser Ziel haben sollte. Dabei steht S für spezifisch, das heißt klar und strukturiert, M für messbar, A für akzeptabel, und zwar sowohl für Ihren Verhandlungspartner als auch für Sie selbst, R für realistisch und T für terminiert, es muss also einen Termin geben, zu dem das Ziel erreicht sein soll beziehungsweise wird. Das kann ein Liefertermin, ein Veranstaltungstermin, eine Übergabe sein. Wichtig ist nur, dass Sie einen Termin festlegen, da die Realisierung Ihres Zieles sonst zu schwammig ist und Sie nicht sicher sein können, dass Sie auch wirklich dort ankommen.

3. DIE STRATEGIE UND TAKTIK

Wenn ich den Teilnehmern meiner Seminare sage, wie wichtig es ist, für eine Verhandlung eine genaue Strategie zu haben, erwidern einige von ihnen: Ich bin aber am besten, wenn ich improvisiere. Was im Umkehrschluss aber auch heißt, dass sie schlecht in der Vorbereitung sind. Und damit folglich auch keine Strategie haben, also in Bezug auf das Gelingen der Verhandlung vor allem vom Glück und Zufall abhängig sind. Das allerdings ist etwas, das, wie wir alle wissen, schon samstags beim Lottospielen nicht funktioniert. Deshalb kann ich Ihnen nur raten, legen Sie sich vor jeder Verhandlung eine passende Strategie zurecht – auch wenn Sie noch so gut im Improvisieren sind. Gut improvisieren kann nur, wer *sehr gut* vorbereitet ist!

Vorab lassen Sie mich noch kurz erklären, was der Unterschied zwischen einer Strategie und einer Taktik ist, damit klar ist, wovon ich spreche. Die Strategie gibt die Richtung vor, die ich in der Verhandlung einschlagen will, während die Taktik eine einzelne, konkrete Maßnahme ist, mit der ich meine Strategie umsetze. Wobei wir in der Verhandlungsführung von vier Grundstrategien sprechen: Druck, Partnerschaft, Ausweichen und Nachgeben. Wie diese im Einzelnen aussehen, will ich Ihnen gern ausführlich erläutern.

Fangen wir gleich mit der ersten Strategie an: Druck. Druck kann man durch ganz unterschiedliche Taktiken erzeugen, zum Beispiel indem man sein Gegenüber mit einem anderen Wettbewerber konfrontiert. Oder laut und aggressiv agiert. Oder, ganz im Gegenteil, schweigt – eine Reaktion, die gerade bei Streitigkeiten mit beziehungsorientierten Menschen sehr gut funktioniert. Die empfinden nämlich das Schweigen noch unerträglicher als einen lautstarken Streit.

Eine weitere Taktik, mit der es Ihnen gelingen kann, Druck zu erzeugen, ist die Festlegung eines zeitlichen Limits. Diese Methode wird im Einzelhandel sehr gerne angewandt, weshalb wir im Sommer- oder Winter-Sale häufig mehr Geld ausgeben, als wir uns vorgenommen haben. Dreißig Prozent Rabatt auf einen Koffer, das ist ja wirklich ein Schnäppchen! Da sparen wir ja beim Ausgeben richtig Geld! Die Gelegenheit können wir uns einfach nicht entgehen lassen! Leider ist dieses Angebot nur heute gültig ... Und schon ist bei Ihnen der Plan des Einzelhandels aufgegangen. Sie haben auf Grund des zeitlichen Limits etwas gekauft, das Sie bei weiterem Nachdenken gar nicht unbedingt gebraucht hätten.

Kommen wir nun zu einer anderen beliebten Strategie, der Partnerschaft. In diesem Zusammenhang von Taktik zu sprechen, wirkt vielleicht ein wenig befremdlich auf Sie, und doch gehören eine Tasse Cappuccino mit aufgeschäumter Milch, ein freundlicher Empfang, der Name auf dem Empfangsmonitor im Foyer oder schlichtweg ein netter Smalltalk dazu.

Ich erinnere mich immer wieder gerne an meinen ersten Besuch bei den Fischerwerken im Schwarzwald. Es war mitten im Winter, und wie nicht anders zu erwarten, lag über einen halben Meter Schnee. Für jeden Autofahrer mehr als unangenehm. Allein bei dem Gedanken daran, dass ich gleich auf einen vereisten Parkplatz fahren müsste und beim Aussteigen mein Anzug und die Schuhe nass werden würden, bekam ich schlechte Laune. Und so war ich mehr als freudig überrascht, als ich bei meiner Ankunft sah, dass in der Nähe des Eingangs ein Parkplatz für mich mit Namensschild reserviert und vom Schnee freigeräumt war. So konnte ich dank der Voraussicht meiner Verhandlungspartner trockenen Fußes in das Werk hineinspazieren. Was meine Laune gleich erheblich verbesserte! Dort angekommen, bot mir die Empfangsdame einen heißen Cappuccino mit frisch aufgeschäumter Milch an. Wieder vergab ich innerlich zehn Bonuspunkte, weil ich statt auf einen schlecht gelaunten Pförtner, der einen erst einmal anmeckert, weil man falsch geparkt hat, auf eine freundliche Dame traf, die offenbar Gedanken lesen konnte. Und als diese mich auch noch zu meinem Termin begleitete, nachdem ich in aller Ruhe meinen Cappuccino ausgetrunken hatte, war ich innerlich schon zehn Prozent von meinem üblichen Honorar heruntergegangen. Einfach nur, weil ich in dieser Firma von Anfang an wie ein wertgeschätzter

Gast behandelt wurde. Wertschätzung ist eine sehr schöne Taktik der Strategie Partnerschaft.

Genau das Gegenteil erlebte ich aber auch mal bei einer anderen Firma. Dort traf ich im Eingangsbereich auf eine resolute ältere Dame, die am Telefon gerade in ein Privatgespräch vertieft war und auch keine Eile hatte, dieses wegen meiner Ankunft zu unterbrechen. Minuten später, als sie ihr Telefonat endlich zu Ende geführt hatte, blickte sie mich mürrisch an. Nachdem ich mich vorgestellt und mein Anliegen geschildert hatte, griff sie in Zeitlupe zum Hörer, wählte eine Nummer und blaffte in das Telefon hinein: »Hier ist ein Gamm. Habt ihr den bestellt?« Und glauben Sie mir, ich war mehr als froh, dass ich »bestellt« war, denn ich will nicht wissen, wie diese Dame sonst reagiert hätte. Diese Firma hatte sich mir gegenüber von Beginn an von ihrer schlechtesten Seite präsentiert – mit dem Ergebnis, dass ich in der darauffolgenden Verhandlung auch kein großes Interesse daran hatte, meinem Gegenüber in irgendeiner Art und Weise entgegenzukommen.

Sie sehen also, was eine partnerschaftliche Beziehung zum jeweiligen Verhandlungspartner bewirken kann. Ich wette mit Ihnen, Sie kennen das auch sehr gut aus dem privaten Bereich. Zum Beispiel, wenn Sie abends Ihr Kind ins Bett bringen und sich felsenfest vorgenommen haben, ihm wirklich nur ein Kapitel vorzulesen. Doch nach dem ersten Kapitel schlingt Ihr Kind seine kleinen, warmen Arme um Ihren Hals und flüstert Ihnen ins Ohr: »Du bist der beste Papa/die beste Mama der Welt. Bitte, bitte, bitte nur noch ein Kapitel.«

Na, wie reagieren Sie auf diesen Satz? Sie lesen, gerührt, Ihrem Kind selbstverständlich noch ein weiteres Kapitel vor. Obwohl Sie es sich doch anders vorgenommen haben!

Doch mit seiner Liebesbezeugung hat Ihr Kind Sie geschickt um den Finger gewickelt und dazu gebracht, Ihre Strategie aufzugeben. Keine Frage: Unsere Kinder sind absolut gewiefte Verhandlungspartner und wir können einiges von ihnen lernen. Das Raffinierte in diesem Fall ist, dass Ihr Kind die beiden Strategien Druck und Partnerschaft miteinander verquickt. Und es Ihnen damit sehr schwer macht, konsequent zu reagieren.

Die nächste Strategie, die ich Ihnen vorstellen möchte, ist das Ausweichen. Das hat nichts mit Drückebergerei zu tun, sondern ist in manchen Momenten schlichtweg ein sehr cleveres Verhalten – zum Beispiel, wenn Ihr Chef einen Bericht von Ihnen haben möchte, den Sie aber noch nicht geschrieben haben. Was machen Sie dann? Sie versprechen ihm, bis zum nächsten Tag fertig zu sein. Und gewinnen durch die Taktik Vertrösten immerhin vierundzwanzig Stunden Zeit. Wie man mit Ausweichen Zeit und in manchen Fällen auch Geld sparen kann, möchte ich Ihnen anhand eines Beispiels aus meiner Zeit als Einkäufer bei Porsche erläutern.

Ich hatte im Vorjahr mit einem Lieferanten einen bestimmten Preis für ein Produkt vereinbart. Kombiniert mit einer definierten Abnahmemenge. Nun war es aber leider so, dass wir auf Grund zurückhaltender Nachfrage nicht die geplante Stückzahl an Fahrzeugen verkaufen konnten und infolgedessen auch die zuvor festgelegte Abnahmemenge unterschreiten mussten. Und so erhielt ich ein Schreiben, in dem besagter Lieferant als Ausgleich eine Preiserhöhung verlangte. Hatte er damit recht? Klar doch! Hatte ich Lust, mich mit ihm zu treffen? Natürlich nicht! Konnte ich bei einem Treffen irgendwas gewinnen? Nein! Was tat ich also? Ich versuchte, so lange wie möglich auszuweichen – in unserem Fall ein Dreivierteljahr. Dann zwang uns der Lieferant mit einer einfachen Taktik aus der Strategie Druck an den Tisch: der Androhung eines Lieferstopps. Und dass das Band wegen fehlender Teile stillsteht, ist so ziemlich das Schlimmste, was einem Automobilhersteller passieren kann.

Notgedrungen luden wir ihn also ein und spielten das ganze Beziehungsspiel durch: Kaffee? Wie geht's der Frau? Schön, Sie zu sehen ... und so weiter. Nebenbei wurde verhandelt. Natürlich gingen die Preise hoch. Aber nicht in dem angedrohten Maß.

Es versteht sich von selbst, dass man bei dieser Taktik nicht nur geschickt, sondern auch sensibel vorgehen muss. Grundsätzlich kann man aber in Deutschland in der Zeit von Juli bis September mit dem Stichwort Urlaub sehr gut ausweichen. Aus dem Urlaub zurück müssen Sie erst mal die vierhundert E-Mails abarbeiten, die liegen geblieben sind. Oder Sie ziehen beruflich um und haben mit neuen Strukturen zu tun. Oder das Stichwort SAP: Ihr Gegenüber weiß sofort, dass Sie im Moment mit anderem beschäftigt sind.

Kurz: Die Strategie Ausweichen mit Kreativität macht einen Riesenspaß. Und ist sehr schwer zu knacken. Sie ist nicht mit Feigheit zu verwechseln, sondern spricht für Ihr Verhandlungsgeschick. Deshalb dürfen Sie sie durchaus ohne falsche Scham anwenden.

Kommen wir nun zur letzten Strategie, die ich Ihnen hier vorstellen möchte: dem Nachgeben. Wann – außer nie – sollten Sie nachgeben? Wenn die Konsequenz aus dem Nichtnachgeben gravierender ist als die aus dem Nachgeben. Das hört sich zunächst wie Verlieren an. Und das ist es auch in vielen Fällen. Dennoch kann es die eindeutig bessere Variante sein. Ein einfaches Beispiel: Sie sind in einer fremden Stadt auf einer dunklen Straße unterwegs und plötzlich hält Ihnen jemand eine Pistole an den Kopf und will Ihr Geld. Würden Sie in diesem Fall nicht nachgeben, könnten Sie Ihr Leben verlieren, andernfalls verlieren Sie nur Ihr Geld.

Manchmal ist es schlicht klüger nachzugeben, als eisern auf einem Standpunkt zu beharren und die ganze Situation dadurch eventuell nur noch zu verschlimmern. Oder wie sagen die Banker so schön: Schlechtem Geld, also Geld, das man bereits unwiederbringlich verloren hat, sollte man kein gutes Geld hinterherwerfen.

Ebenfalls getrost nachgeben können Sie, wenn Sie Ihr Maximalziel bereits erreicht haben. Denn in diesem Fall haben Sie so oder so schon gewonnen. Lassen Sie das Ihr Gegenüber jedoch nicht spüren. Zieren Sie sich ruhig noch ein wenig, bevor Sie den Verhandlungsbedingungen zustimmen. Sonst wird bei Ihrem Gegenüber das ungute Gefühl eines zu leicht errungenen Sieges zurückbleiben, was für die weitere Zusammenarbeit und für zukünftige Verhandlungen nicht förderlich ist. Denn wir alle wissen, wie ungern wir uns eingestehen, dass wir doch mehr aus einer Verhandlung hätten herausholen können.

Fassen wir also noch einmal zusammen. Die drei Grundpfeiler bei einer Verhandlung sind:

○ Die Ausgangssituation

○ Die Zieldefinition

○ Die Strategie und Taktik

Die Ausgangssituation bestimmt *The Balance of Power*. Sie definiert, wer was von wem möchte, wer welche Position hat. Je mehr Informationen wir haben, je mehr wir von unserem Gegenüber wissen, umso besser ist es für uns. Denn wenn wir sie zu nutzen wissen, können sie darüber entscheiden, mit welchem Gefühl und in welcher Stimmung er in die Verhandlung geht. Und wie wir gesehen haben, kann schon eine Tasse Cappuccino dazu beitragen, dass uns unser Gesprächspartner wohlgesinnt ist und entgegenkommt.

Eine genaue Definition des Ziels hilft uns dabei, innerhalb einer Verhandlung die Linie nicht aus den Augen zu verlieren. Dabei unterscheiden wir zwischen einem Minimal- und einem Maximalziel. Das Minimalziel ist unser unterstes Ziel, das nicht verhandelbar ist. Es wird durch den Plan B abgesichert. Das Maximalziel ist das Plus, das wir gerne hätten, das jedoch nicht unbedingt erreicht werden muss.

Bevor wir in eine Verhandlung gehen, sollten wir uns eine oder mehrere Strategien zurechtlegen, die uns dabei helfen können, unsere Ziele durchzusetzen: Druck, Partnerschaft, Ausweichen und Nachgeben, wobei eine Strategie aus verschiedenen Taktiken besteht, mit denen sie operativ umgesetzt wird.

Wie diese Grundpfeiler uns im beruflichen Kontext helfen können, das werden wir im nächsten Kapitel genauer unter die Lupe nehmen.

KAPITEL III

IM BERUF –
CHANCEN SEHEN UND ERGREIFEN

Gerade im Beruf haben wir es immer wieder auch mit Menschen zu tun, zu denen wir keinen rechten Draht haben. Weil sie launisch, cholerisch oder uns aus einem anderen Grund einfach unsympathisch sind. Doch ganz gleich, wie sehr oder wie wenig uns ihre Art liegt: Wir müssen mit ihnen zusammenarbeiten. Und das möglichst effektiv und stressfrei. Anders werden wir zu keinem zufriedenstellenden Ergebnis gelangen.

1. DIE VORBEREITUNG: ACHTZIG PROZENT DES ERFOLGS

Rund achtzig Prozent des Erfolgs hängen von der Arbeit im Vorfeld ab. Denn mit der Vorbereitung bestimmen wir, wie dick das Eis ist, auf dem wir uns während der Verhandlung bewegen. Sind wir gut vorbereitet, kann uns eine dünne Stelle nichts anhaben, weil das Eis uns weiter trägt. Sind wir dagegen schlecht vorbereitet, kann es schnell geschehen, dass das Eis brüchig wird. Und wir im schlimmsten Fall sogar einbrechen. Dann müssen wir improvisieren, also ohne Ziel und Strategie agieren. Das ist wie Seiltanz ohne Netz.

Halten wir uns also lieber an die eben beschriebenen drei Grundpfeiler. Wenn wir gut gerüstet in eine berufliche Verhandlung gehen wollen, müssen wir wissen, wo wir stehen. Wir müssen Zahlen, Daten und Fakten kennen. Nur so können wir uns zum Beispiel die Frage beantworten, wie viel Prozent unseres Umsatzes auf einen bestimmten Kunden entfallen – und umgekehrt. Nur so können wir vorab klären, wer von wem mehr abhängig ist und wer sich folglich von Anbeginn an auch in der stärkeren Position befindet.

Ist das wirklich so? Vorsicht: Ein vermeintlich hoher prozentualer Wert bedeutet de facto nicht immer, dass man von dem Kunden abhängig ist. Weshalb?

Lassen Sie mich das an einem sehr einfachen Beispiel aus meinem persönlichen Arbeitsleben erklären: Wir hatten in der Frieder Gamm Group einen Kunden, der dreißig Prozent unseres Gesamtumsatzes ausmachte. Ein sehr wertvoller Kunde also, mit dem nach zwei Jahren, in denen wir sehr gut zusammengearbeitet hatten, neue Verhandlungen anstanden. Im Zuge dessen konfrontierte uns der Kunde mit einem Mitbewerber, der die scheinbar gleichen Leistungen um dreißig Prozent günstiger anbot. Eine schwierige Situation für uns. Sollten wir unter unser Minimalziel gehen, um den wichtigen Kunden zu halten? Oder sollten wir uns besser von ihm trennen, um unsere Unabhängigkeit zu wahren?

Nach reiflicher Überlegung entschieden wir uns dazu, kein Angebot abzugeben. Zum einen, weil unsere Firma auch von den restlichen siebzig Prozent des Umsatzes noch sehr gut leben konnte. Zum anderen, weil wir wussten, dass wir unseren Qualitätsanspruch bei einem niedrigen Angebot nicht hätten halten können. Eine Entscheidung, die sich schlussendlich auszahlte, denn nur wenige Monate später kam der Kunde reumütig zurück. Was war geschehen?

Unser ehemaliger Mitkonkurrent hatte keine gute Arbeit abgeliefert. Am Ende bekamen wir sogar noch ein höheres Honorar, als wir uns als Ziel gesetzt hatten, weil unser Kunde uns unbedingt wieder ins Boot holen und seinen Fehler ausbügeln wollte. Die Ausgangssituation hatte sich also zu unseren Gunsten gewandelt.

Doch natürlich funktioniert dieses Vorgehen nicht immer. Gut vorstellbar, dass schon beim Ausfall eines Kunden, der nur zehn Prozent des Umsatzes ausmacht, die Firma in eine finanzielle Schieflage gerät. Dann ist es nicht ratsam, so hoch zu pokern, wie wir es getan haben. Prinzipiell ist jedoch wichtig festzuhalten, dass allein der Blick auf die Höhe des Umsatzes noch lange nichts über die jeweiligen Abhängigkeiten aussagt. Man muss die Zahlen immer in Relation zu der Gesamtsituation setzen und sich fragen, was der Verlust eines Kunden für das Unternehmen bedeuten würde. Sprich, man muss sich vorab immer das Worst-Case-Szenario und dessen Konsequenzen ausmalen. Doch dazu später mehr.

Kommen wir erst noch einmal zu den Zahlen, Daten und Fakten zurück. Zu ihnen gehört der Markt, in dem sich der Kunde bewegt. Ist es ein Käufer- oder ein Verkäufermarkt? Oder anders gefragt: Will mein Gegenüber etwas von mir oder ich von ihm? Und beim Blick auf den Markt stellt sich natürlich die Frage nach dem Wettbewerb: Wie viele Anbieter gibt es für das Produkt, das ich kaufen will beziehungsweise anbiete? In welcher Konkurrenz befinde ich mich?

Wenn es nur einen einzigen Anbieter gibt, hat dieser natürlich bis zu einem gewissen Grad die Möglichkeit, den Preis zu bestimmen. Das konnte man sehr schön beobachten, als Lufthansa noch der einzige Anbieter von Flügen im deutschen Markt war. Damals wurden bis zu achtzig Prozent höhere Preise aufgerufen als zu der Zeit, als es dann Air Berlin gab. Bei einem regen Wettbewerb dagegen ist die Konkurrenz entsprechend groß und Sie können die Anbieter durchaus gegeneinander ausspielen.

Ein weiterer wichtiger Aspekt, den Sie bei Ihren Überlegungen vorab nicht außer Acht lassen sollten, ist die Historie, die Sie mit Ihrem Verhandlungspartner haben. Welche Erlebnisse, Erfahrungen, Situationen aus der Vergangenheit verbinden Sie miteinander?

Seit über vierzig Jahren bin ich treuer Kunde bei der Volksbank Stuttgart. Wodurch wir natürlich ein ganz besonderes Vertrauensverhältnis haben und wissen, wie der andere tickt. Mehr noch: Wir wissen, dass wir uns auf den anderen verlassen können. Gesetzt den Fall, ich bräuchte einen höheren Kredit, würde ich den bei der Volksbank Stuttgart wesentlich einfacher bekommen als bei einer Bank, bei der man weder mich noch meine Firma kennt. Und vor allem nicht weiß, wie sehr man sich auf mich und die mit mir getroffenen Vereinbarungen verlassen kann. Eine positiv verlaufene Vergangenheit bringt für eine Verhandlung viele Vorteile mit sich. (Entsprechend hinderlich ist es im Umkehrschluss, wenn Ihr Verhandlungspartner keine guten Erfahrungen mit Ihnen gemacht hat.)

Aber nicht nur die Vergangenheit ist entscheidend, sondern auch die Zukunft, die ich mit meinem potentiellen Verhandlungspartner haben werde. Ich sollte mir also vor der Verhandlung sehr genau überlegen, was ich mit meinem Gegenüber zukünftig noch plane. Beziehungsweise ob es überhaupt noch eine gemeinsame Zusammenarbeit geben wird. Denn auch die Zukunftsplanung ist für die Positionsbestimmung immens wichtig.

Lassen Sie es mich an einem praktischen Beispiel noch einmal genauer erklären: Stellen Sie sich vor, Sie arbeiten seit fünf Jahren mit einem Lieferanten zusammen. Zu Beginn Ihrer Zusammenarbeit hat er zehn Millionen Euro Umsatz mit Ihnen gemacht. Doch über die Jahre ist dieser auf 1,5 Millionen Euro geschrumpft. Das ist mehr als nichts, doch wenn Sie Ihren Lieferanten nun um einen Rabatt bei der nächsten Lieferung bitten, wird er vermutlich nicht besonders offen für Ihren Wunsch sein, denn Sie sind ein Kunde, der an Bedeutung verloren hat. Und damit einhergehend ist auch seine Motivation gesunken, für Sie etwas Besonderes zu tun.

Wären Sie dagegen vor fünf Jahren bei einem Umsatz von einer Million Euro gestartet und hätte er sich jährlich um 100 000 Euro erhöht, wäre Ihre Verhandlungsbasis ungleich stärker. Und das, obwohl es sich rein faktisch um genau den gleichen Umsatz – nämlich 1,5 Millionen Euro – handelt. Im ersten Fall sieht der Lieferant keine produktive Zukunft mit Ihnen, im zweiten geht er davon aus, dass sich Ihr Umsatz auch in den kommenden fünf Jahren stetig nach oben steigern wird. Sie gewinnen an Bedeutung.

Welchen Unterschied das bei der Verhandlungsführung ausmacht, konnten wir bei uns in der Firma erst kürzlich wieder erfahren: Die Frieder Gamm Group unterhält für ihre viel reisenden Mitarbeiter einen Fuhrpark im Wert von grob 250 000 Euro. Diesen haben wir in den letzten Jahren mit Autos von BMW ausgestattet. Da einige meiner Mitarbeiter den Wunsch äußerten, einen Audi zu fahren, gab ich bei meinem letzten Besuch in der BMW-Filiale nur noch ein Drittel davon aus. Wodurch ich für den BMW-Verkäufer von einem sehr geschätzten Kunden, dem man gerne entgegenkommt und vielleicht sogar noch das ein oder andere Extra gratis mitgibt, zu einem ganz gewöhnlichen Kunden wurde. In der Audi-Filiale dagegen wurde ich natürlich sehr aufmerksam und zuvorkommend behandelt, da ich dort gleich beim ersten Mal 100 000 Euro liegen ließ.

Sie sehen also, dass es für eine Verhandlung eine große Rolle spielt, ob man eine aussichtsreiche Zukunft mit seinem Gegenüber hat oder nicht.

Ein Punkt, auf den wir in meiner Firma in der Vorbereitungsphase immer großen Wert legen, ist die Frage, auf was für eine Person wir während der Verhandlung treffen. Ist es eine Frau oder ein Mann? Hat sie/er Familie? Hobbys? Fragen, die banal klingen, aber ganz entscheidend zum Gelingen der Verhandlung beitragen können. Denn eine kinderlose Geschäftsfrau wird auf Ihren Small Talk über die lieben Enkelkinder oder die Hochzeit Ihrer jüngsten Tochter nicht anspringen. Ganz im Gegenteil: Vielleicht blieb ihr Kinderwunsch unerfüllt und Sie legen mit Ihren Themen den Finger in eine besonders sensible Wunde. Was wiederum dazu führen kann, dass Ihre Gesprächspartnerin alles andere als entspannt in die Verhandlung geht. Und dass Ihre Chancen, die Verhandlung zu einem guten Abschluss zu bringen, sinken.

Wenn Sie indes mit derselben Person über ihre Vorlieben für ausgiebige Wanderungen auf den Kanarischen Inseln sprechen, wird sie automatisch in den Urlaubsmodus schalten, in dem es ihr – natürlich – schwerer fällt, knallhart und professionell zu verhandeln. Und Ihnen leichter, Ihre Ziele durchzusetzen. Doch Vorsicht: Sie sind nicht der Einzige, der diese Tricks kennt. Auch Ihr Verhandlungspartner kann versuchen, Sie mit einer persönlichen und entspannten Arbeitsatmosphäre weich und kompromissbereit zu stimmen.

So wurde ich, als ich noch Einkäufer für Porsche war, von dem Geschäftsführer einer Firma am Bodensee zu einem Termin eingeladen. Es war ein herrlicher Sommertag, und so entschied er sich (scheinbar) kurzfristig, die Verhandlung auf seine Yacht zu verlegen. Auf dem Wasser hätte es nicht schöner sein können. Aber davon ließ ich mich nicht beeindrucken. Denn natürlich war mir klar, warum er sich mit mir nicht in seinem Büro, sondern auf seinem Boot getroffen hat: Er wollte durch die urlaubsähnliche Atmosphäre meine Absicht, hart und konsequent zu verhandeln, herunterfahren. Und somit sein Maximalziel ohne großen Widerstand durchsetzen. Eine Taktik, mit der er bei einem erfahrenen Verhandlungsführer natürlich nicht besonders weit kam. Denn trotz Sonnenschein und Luxus blieb ich unbeirrt bei meiner professionellen Linie. Zum Ärger des Geschäftsführers, der, als er bemerkte, dass sein Plan nicht aufging, wütend sagte:»Gamm, Sie sind ein Arsch!« Worauf ich lächelnd erwiderte:»Danke schön, aus Ihrem Mund nehme ich das als Kompliment!« Und das war es dann auch. Denn seine als Beleidigung gemeinte Bemerkung zeigte mir, dass er erkannt hatte, dass ich auf seine Taktik und Manipulationsversuche nicht hereingefallen, sondern trotz beeindruckender Kulisse auf der Meta-Ebene geblieben war. Der Deal kam übrigens wie geplant zustande.

Etwas, das ich jedem, der ein schwieriges Gespräch vor sich hat, ebenfalls nur raten kann, ist, die Verhandlung vorab mit einem Kollegen durchzuspielen. Weshalb? Weil Sie dadurch nicht nur Ihre Argumente schon einmal konkret vorformuliert haben, sondern weil Sie auch eine Idee davon bekommen, mit welchen Gegenargumenten die andere Seite aufwarten könnte. Für die legen Sie sich dann in aller Ruhe Gegen-Gegen-Argumente zurecht. Dass dies für eine Verhandlung von ganz entscheidender Bedeutung sein kann, habe ich bei meinem Weggang von Porsche selbst erfahren.

Die Situation war wie folgt: Ich wollte kündigen, aber bei vollem Gehalt für drei Monate freigestellt werden. Warum sollte mein Chef das tun? Welchen Vorteil hätte es für ihn? Auf den ersten Blick natürlich keinen. Also habe ich begonnen, nach einem Vorteil zu suchen. Und ich fand ihn: Mein damaliger Chef wusste nämlich zu diesem Zeitpunkt nicht so recht, in welcher Abteilung er mich einsetzen sollte. Sicher hätten wir bei längerem Überlegen ein passendes Betätigungsfeld für mich gefunden, nur: Ich wollte ja weg. Warum also sollte ich mir diese Tatsache nicht für die Verhandlung zunutze machen?

Damit ich auf dieses zugegebenermaßen sehr heikle Gespräch auch gut vorbereitet war, habe ich mich vorab mit einer Kollegin, die meinen Chef sehr gut kannte, zusammengesetzt und mit ihr die Verhandlung durchgespielt. Ich habe ihr meine Argumente für die Freistellung vorgetragen, sie wiederum hat dagegenargumentiert, worauf ich versucht habe, ihre Gegenargumente mittels Gegen-Gegen-Argumenten zu entkräften. Als es dann zu der Verhandlung kam, war ich so gut auf die Situation und alle Einwände vorbereitet, dass es mir tatsächlich gelungen ist, meine Freistellung durchzusetzen.

Gerade bei sehr kniffligen Verhandlungen ist dieses Procedere sehr empfehlenswert. Selbst wenn Sie nicht an alle Eventualitäten denken, so werden Sie durch diese Art der

Vorbereitung zumindest schon viele Gegenargumente im Kopf haben und können dementsprechend souverän reagieren. Und sicherer fühlen werden Sie sich auch.

2. DAS DISG-MODELL ODER DIE WELT AUS DER SICHT DES GEGENÜBERS SEHEN

Wie wir im letzten Kapitel festgestellt haben, ist es immer wichtig, sich über sein Gegenüber zu informieren. Zum einen, um nicht versehentlich in ein Fettnäpfchen zu treten, zum anderen, um von Beginn an eine freundschaftliche und entspannte Atmosphäre zu schaffen.

Aber es gibt noch einen weiteren entscheidenden Punkt, warum es wichtig ist, so viel wie möglich über den anderen zu erfahren: Wir können unseren Verhandlungspartner immer nur dann überzeugen, wenn wir in seine Welt hinein-, anstatt aus unserer Welt herausargumentieren. Was heißt das konkret?

Lassen Sie es mich an einem Beispiel veranschaulichen: Ein Automobilhersteller hatte sich mit einem Lieferanten überworfen, der ihm jahrelang spezielle Scheinwerfer geliefert hatte, und so wurden wir, die Frieder Gamm Group, als Berater hinzugezogen, um die Scherben wieder zu kitten. Was war geschehen?

Der Lieferant war aus Italien angereist, um vereinbarungsgemäß bei einem Treffen die Konditionen für die weitere Zusammenarbeit zu besprechen. Bislang hatte es keine Beschwerden gegeben. Als er jedoch zu besagtem Termin kam, erfuhr er völlig unvorbereitet, dass vor ihm ein Konkurrent da gewesen war, der seine Produkte ein wenig günstiger angeboten und daraufhin von dem Automobilhersteller den Zuschlag erhalten hatte. Der italienische Lieferant war also völlig umsonst zu dem Termin angereist und hatte zudem einen langjährigen Partner verloren. Kein Wunder, dass er mehr als verärgert war.

Schon sehr bald musste der Automobilhersteller erkennen, dass er sich viel zu schnell zu dem Deal mit dem neuen Lieferanten hatte hinreißen lassen. Der hatte nämlich die Spezialscheinwerfer, die er brauchte, gar nicht in seinem Sortiment. Schlimmer noch: Der italienische Lieferant war der Einzige, der damit dienen konnte. Aber wollte er das jetzt noch? Nein. Nachdem er so vor den Kopf gestoßen und durch das ungeschickte Verhalten des Automobilherstellers so verletzt worden war, war er emotional komplett gefangen und stellte sich stur. Es war ihm nicht mehr möglich, das Geschäft von einem professionellen Standpunkt aus zu betrachten. Eine verzwickte Lage, in der wir als Verhandlungscoaches vermitteln mussten, um eine für alle zufriedenstellende Lösung zu finden.

Was uns schlussendlich auch gelang. Aber nicht, indem wir die Konditionen für den Lieferanten verbesserten oder ihm seinen alten Auftrag wieder in Aussicht stellten, sondern indem wir als Erstes an der Beziehung zwischen den beiden Verhandlungspartnern arbeiteten, die nach dem Vertrauensbruch seitens des Automobilherstellers zerstört war. Konkret hieß das in diesem Fall, dass sich der Bereichsleiter der Automobilfirma zu einem Essen mit dem italienischen Lieferanten traf. In Italien. Mit viel Zeit und dem klaren Auftrag, die Beziehung zu reparieren und nicht um Prozentpunkte zu feilschen.

Aus dem vorherigen Kapitel wissen Sie bereits, wie wichtig es ist, sich vor einer Verhandlung die Historie, die man mit seinem Gegenüber hat, zu vergegenwärtigen. Hätte der Automobilhersteller das getan, hätte er die guten Erfahrungen, die er mit seinem Geschäftspartner über viele Jahre gemacht hatte, nicht wegen eines kleinen Preisvorteils außen vor gelassen. Aber er hat noch etwas anderes nicht beachtet: dass in Italien – in der Öffentlichkeit zumal – jeder eine »bella figura« machen möchte, eine gute Figur. Diese Chance hatte er ihm genommen.

Und damit sind wir auch schon bei einem weiteren sehr wichtigen Punkt, den Sie speziell bei beruflichen Verhandlungen berücksichtigen sollten: der Persönlichkeitsstruktur Ihres Gegenübers. Sie bestimmt, in welche »Persönlichkeitsschublade« Sie Ihren Gesprächspartner einsortieren.

Aber, werfen Sie jetzt sicher ein, man soll die Menschen doch nicht auf Grund spezieller Charaktereigenschaften in eine Schublade stecken. Ob man das tun sollte oder nicht, ist jedoch nicht die Frage. Denn es geschieht sowieso, ohne unser Zutun. Innerhalb von wenigen Sekunden steht der erste Eindruck, den wir von einem Menschen haben, fest. Dagegen können wir uns gar nicht wehren. Und wir sollten es auch nicht. Weshalb? Weil wir Verhandlungen wesentlich leichter zu einem guten Abschluss bringen können, wenn wir uns auf die Persönlichkeit unseres Gegenübers einstellen.

Was das im Konkreten heißt, möchte ich Ihnen anhand des DISG-Modells erklären.

Das DISG-Modell steht für die vier grundlegenden Persönlichkeitspräferenzen, die einen Menschen ausmachen. Dabei steht D für Dominanz, I für Initiative, S für Stetigkeit und G für Gewissenhaftigkeit. Wahrscheinlich haben Sie sich gerade schon überlegt, welcher der vier Charakterzüge für die Beschreibung Ihrer Persönlichkeit am zutreffendsten ist. Ich zum Beispiel weiß ganz genau, dass ich ein dominanter und initiativer Mensch bin. Wenn ich als Chef einer mittelständischen Firma etwas anderes behaupten würde, wäre das auch irgendwie seltsam. Und wie ist es bei Ihnen? Sind Sie auch dominant? Dann stehen Sie dazu! Ein dominanter Geschäftsmann ist noch lange kein skrupelloser. Er hat nur gerne die Zügel in der Hand und möchte seine Ziele erreichen. Und wenn es drauf ankommt, auch voranmarschieren können. Das ist nichts Verwerfliches. Es geht sowieso nicht darum, jemanden auf Grund seiner hervorstechenden Eigenschaften zu beurteilen, sondern lediglich darum, einen leichteren Zugang zu ihm zu finden und ihn besser zu verstehen, indem man sich bewusst macht, dass sie es sind, die ihn antreiben. Leider hat der Automobilhersteller keinen Gedanken daran verschwendet, sonst hätte er sehr schnell erkannt, dass für seinen italienischen Lieferanten das S eine große Bedeutung hat. So musste er uns als Retter in der Not zu Hilfe holen.

Doch kommen wir zurück zum DISG-Modell. Auch wenn sich die Persönlichkeit eines Menschen nur sehr selten auf einen einzigen der genannten Charakterzüge beschränkt, sondern meist ein Mix aus mehreren ist, so stechen doch einer oder zwei häufig deutlich hervor. So können Sie zum Beispiel, wenn Sie wissen, dass Ihr Verhandlungspartner seine Freizeit gerne mit Fallschirmspringen verbringt, tendenziell davon ausgehen, dass er eher kein besonders sicherheitsbedürftiger Mensch ist, sondern wahrscheinlich zur Dominanz neigt. So wie es auch naheliegt, dass ein leidenschaftlicher Briefmarkensammler ein stetiger, ordnungsliebender Mensch ist, der auf Beständigkeit setzt und einen wertschätzenden, persönlichen Umgang pflegt. Genau da sollten Sie ansetzen, will heißen: in der Verhandlung besser nicht allzu forsch auftreten, sondern ganz im Gegenteil aufmerksam und defensiv. Sei es durch einen kurzen Smalltalk über seine Hobbys – die wunderbaren Briefmarken – oder durch eine freundliche Bemerkung zur Gestaltung seines Büros. Hauptsache, er fühlt sich gesehen und ernst genommen. Aber Vorsicht: Nicht immer liegen die DISG-Eigenschaften so offensichtlich auf der Hand, vielmehr gehören sie zu einem größeren Gesamtkomplex und wollen erst gefunden werden.

Wie wichtig das sein kann, haben wir erst kürzlich bei einem Verhandlungscoaching bei einem Kunden bemerkt. Ausgangslage war, dass die Verkäuferin eines Automobilherstellers auf die Chefeinkäuferin einer Mietwagengesellschaft traf, die jedes Jahr für einen Millionenbetrag Autos für ihren Fuhrpark einkauft. Eine wichtige Kundin also, die ihrer Position entsprechend sehr selbstbewusst, dominant und hartnäckig ist, außerdem gutaussehend und immer elegant gekleidet. Und die sich, was ich sehr beeindruckend finde, systematisch von der Chefsekretärin zur Chefeinkäuferin hochgearbeitet hat. Diese Chefeinkäuferin traf nun auf eine ebenso taffe Verkäuferin, die, als sie uns von der bevorstehenden Verhandlung erzählte, Schlagwörter wie »Attacke« und »Waffenwahl«, »Verhandlungsschlacht« und Ähnliches fallen ließ. Sich also auf die Verhandlung buchstäblich wie auf einen Kampf vorbereitete. Was, glauben Sie, ist passiert, als diese zwei Alphafrauen aufeinandertrafen? Richtig. Es sind die Fetzen geflogen. Weil beide sich zu ähnlich waren und sich durch das aggressive Vorgehen der Gegenseite nur noch mehr angestachelt fühlten.

Was natürlich keine gute Basis für eine produktive Zusammenarbeit ist.

Was haben wir also getan? Wir haben dafür gesorgt, dass nicht die Verkäuferin die Verhandlungen führt, sondern ein beziehungsorientierter männlicher Kollege, der weniger in den Wettbewerb geht und es dadurch auf der inhaltlichen Ebene leichter hat, die Ziele seiner Firma durchzusetzen.

Anderes Beispiel: Bei einem unserer wichtigsten Kunden war unser Ansprechpartner der HR-Abteilung ein sehr dominanter Typ, ein klarer D'ler. Mehr als drei Jahre haben wir sehr eng mit ihm zusammengearbeitet – von seiner Seite aus notgedrungen, denn diese Zusammenarbeit war noch vor seiner Zeit vertraglich festgelegt worden. Nachdem das Projekt ausgelaufen war und er nicht mehr an den Vertrag gebunden war, änderte sich sein Verhalten uns gegenüber. Er wurde bestimmter im Ton und auch inhaltlich wollte er sich immer mehr in unseren Kompetenzbereich mit einbringen. Und traf da auf mich, einen ebenfalls ausgeprägten Dominanten. Stellen Sie sich das einfach so vor, dass zwei Stiere aufeinander losgehen. Da er vor gefühlten hundert Jahren mal für kurze Zeit im Einkauf tätig war, glaubte er, Experte zu sein – meiner Meinung nach war er meilenweit davon entfernt. Kurzum: Wir hielten uns gegenseitig für Idioten. Aber was passiert, wenn sich Kunde und Dienstleister duellieren? Wer verliert da in der Regel? Der Dienstleister. Und so war es auch in diesem Fall. Wir verloren also diesen doch eigentlich wichtigen und geschätzten Kunden, weil ich nicht auf der Meta-Ebene geblieben war. Weil ich es nicht geschafft hatte, ihn in seiner Welt nach dem DISG-Modell abzuholen.

Zwei Jahre später, anderer Kunde, selbe Geschichte. Wieder einmal »wagte« ein Kunde eine andere Meinung als ich zu haben, doch dieses Mal ließen wir es nicht zu einem Duell à la High Noon kommen. Dieses Mal waren wir klüger. Sprich: auf der Meta-Ebene. Da wir ihn nicht austauschen konnten, haben wir einfach mich ausgetauscht. Mein Kollege hat übernommen und ihn mit seiner anderen DISG-Polung perfekt abgeholt. Den Kunden haben wir heute noch.

Sie sehen also, wie wichtig es ist, sich in seinen Verhandlungspartner hineinzuversetzen und seine Präferenzen herauszuarbeiten. Denn nur so können Sie dafür sorgen, dass das Eis, auf dem Sie sich bewegen, auch wirklich tragfähig ist.

Ich fasse die vier DISG-Präferenzen noch einmal zusammen:

DOMINANTE Typen übernehmen gerne die Führung. Sie sind statusbewusst und stehen gerne in erster Reihe. Sie neigen zur Ungeduld und sind oft schnell im Denken und Handeln. Sie sind eher Einzelspieler als Teamplayer und möchten, wenn sie ihr Ziel erreicht haben, gern eine Trophäe in der Hand halten.

INITIATIVE oder auch beziehungsorientierte Menschen sind sehr gesellig, teamfähig und kontaktfreudig. Sie sind kreativ und neigen bei der Fülle neuer Ideen zum Sichverheddern. Menschen und ihre Bedürfnisse haben vor Prozessen oder Regeln immer Vorrang.

STETIGE, treue Menschen arbeiten gerne nach Routinen – oft in Behörden oder seit dreißig Jahren im selben Unternehmen. Sie sind äußerst zuverlässig und erwarten das auch von anderen. Als Mitarbeiter benötigen sie klare Anweisungen und Zielvorgaben.

GEWISSENHAFTE und strukturierte Menschen arbeiten gerne im Detail, doch obwohl ihnen Perfektion wichtig ist, fällt es ihnen schwer, Zeitpläne einzuhalten. Sie sind eher prozess- und technikorientiert und halten ungern Smalltalk über private Dinge. Sie denken logisch und eher unemotional.

Im Zusammenhang mit dem DISG-Modell sollten Sie noch zwei weitere Begriffe im Hinterkopf behalten: Reziprozität und Konsistenz. Puh, was ist denn das nun schon wieder?, denken Sie jetzt vielleicht. Ich erkläre es Ihnen gern.

Reziprozität ist von dem lateinischen Wort *reciprocus* (aufeinander bezüglich, wechselseitig) abgeleitet. In der Soziologie wird der Begriff verwendet, um das Prinzip der Gegenseitigkeit zu beschreiben, eines der Grundprinzipien des menschlichen Handelns, das wir in seiner negativsten Form bereits aus dem Alten Testament kennen und das immer wieder gerne dann zitiert wird, wenn es darum geht, Vergeltung zu üben. Auge um Auge, Zahn um Zahn. Doch natürlich sollen Sie bei einer Verhandlung Ihrem Gegenüber keinen Zahn ausschlagen, nur weil er sich nicht auf Ihre Vorstellungen einlässt. Ja, selbst wenn er Ihnen gegenüber handgreiflich werden sollte, wäre das keine gute Idee. Nein, wir wollen für unsere Verhandlungen natürlich die positive Form der Reziprozität nutzen, die da heißt: Wenn ich dir etwas Gutes tue, tust du mir ebenfalls etwas Gutes. Oder wie Dr. David Myers vom Hope College in Michigan es formuliert: »Do good, feel good. Feel good, do good.« So fand er in einem Experiment heraus, dass seine Probanden zu einem Bettler immer dann besonders generös waren, wenn sie vorher in einer (präparierten) Telefonzelle einige Münzen gefunden hatten – ein Prinzip, das sich auch die Straßenkünstler in der Fußgängerzone zu eigen machen. Denn warum drücken sie Ihren Kindern wohl ein aus Luftballons gebasteltes Tier in die Hand? Damit Sie ihnen als Dank für das glückliche Kindergesicht ein paar Euro zustecken. Das kommt Ihnen bekannt vor, stimmt's? Seien Sie ehrlich: Wie oft haben Sie den Straßenkünstlern etwas für das schlecht gebastelte Tier gegeben? Bei jedem zweiten Mal? Oder öfter?

Dann sollten wir dieses Prinzip auch in unserer Verhandlungsführung anwenden. Doch wie?

Ganz einfach, indem Sie Ihrem Verhandlungspartner, ohne dass er danach fragt, etwas Gutes zukommen lassen, ihn glücklich machen. Genau das habe ich bei einem Lieferanten damals bei Porsche getan, der, wie ich wusste, ein Autofreak war. Ich habe ihn vor der Verhandlung erst mal den neuen Porsche fahren lassen. In welcher Stimmung war er wohl danach? In einer richtig euphorischen natürlich. Und konnte er danach so knallhart verhandeln, wie er es sich vorgenommen hatte? Natürlich nicht. Er war mir gegenüber positiv gestimmt, ich hatte etwas gut bei ihm. Also wollte er sich irgendwie bei uns revanchieren. *Do good, feel good. Feel good, do good.* Welche Ausgangssituation könnte besser für eine Verhandlung sein?

Ähnlich erging es mir, als ich mir kürzlich einen BMW gekauft und im Gegensatz zu den meisten Kunden nicht versucht habe, hartnäckig über den Preis zu verhandeln. Weil ich so ein angenehmer Kunde war, bekam ich noch eine Anhängerkupplung, Winterreifen und Dachträger ohne

Berechnung dazu. Es kann sich also durchaus auszahlen (nicht selten in barer Münze), wenn Sie Ihrem Verhandlungspartner etwas Gutes tun.

Dazu passt ein Erlebnis, das meine Freundin und ich auf unserer Reise nach Dubai hatten. Beim Check-in im Hotel kam meine Freundin mit der Dame an der Rezeption ins Gespräch. Fast dreißig Minuten dauerte der Smalltalk. Die Dame war nämlich aus Südamerika und da meine Freundin dort acht Jahre gelebt hatte, gab es eine nette und ausführliche Unterhaltung auf Spanisch. Schließlich sagte die Dame »un momentito« und ging in das Büro des Chefs hinter der Rezeption. Kurze Zeit später offerierte sie uns ein Upgrade in den 40. Stock: eine Suite mit fünf Zimmern und Chauffeur-Service. Normalerweise 1000 Euro pro Nacht. Der vierfache Preis unserer Reservierung. Aber ohne Zusatzkosten. Einfach nur, weil sie uns (um ehrlich zu sein: meine Freundin) so nett fand. Liebe dominante Vielreisende: Wir sind zwar schneller im Zimmer, aber dann eben nicht in der Suite. Außer wir bezahlen dafür! Nett sein kostet nichts, nein, im Gegenteil, es bringt viel. Das ist Reziprozität.

Doch kommen wir nun zu unserem zweiten Begriff, der Konsistenz. Was hat es damit auf sich?

Auch dieses Wort ist aus dem Lateinischen abgeleitet, aus *con* (zusammen) und *sistere* (stellen/hinstellen). Im allgemeinen Sprachgebrauch bezeichnet es die Beschaffenheit eines Stoffes, in der Psychologie wird es indes im Sinne von Stimmigkeit verwendet. Das heißt, ein Verhalten wird als konsistent beschrieben, wenn es in sich stimmig ist und zu dem sonst gezeigten Verhalten passt. Übertragen auf eine Verhandlung bedeutet dies, dass man an der Entscheidung festhält, die man getroffen hat, selbst wenn man im Nachhinein feststellt, dass es nicht unbedingt die beste war. Man macht sich also eher die Mühe, die getroffene Entscheidung zu verteidigen und zu rechtfertigen, als dass man eine Fehlentscheidung eingesteht. Warum ist das so?

Weil unser Gehirn ein sehr bequemes Organ ist. Wenn es sich einmal festgelegt hat, möchte es keine neue Energie aufwenden, um die Entscheidung zu revidieren. In der Politik ist das sehr schön zu sehen. Da halten Wähler auch dann noch an einmal getroffenen Entscheidungen fest, wenn ihre Argumente mangels Logik und Fakten nicht mehr aufrechterhalten werden können. Dann wird lieber die »Lügenpresse« strapaziert. Dieses Phänomen ist auch in den USA zu beobachten, wo ein Präsident Trump Gesetze verabschiedet, die von seinen eigenen Beratern als schlecht für die Wählerklientel eingeschätzt werden. Logisch ist das nicht, konsistent aber schon.

Für Sie ist wichtig, um das Phänomen der Konsistenz, sprich: der angestrebten Stimmigkeit zu wissen. Darauf können Sie dann Ihre Verhandlungsstrategie aufbauen – und zwar sehr personenorientiert, wenn Sie in der Vorbereitung mittels Profiling herausfinden, welcher DISG-Typ Ihr Gegenüber ist.

3. ANGST – EIN SCHLECHTER BEGLEITER

Niemand gibt gerne zu, dass er Angst hat. Wahrscheinlich, weil sie in unserer Gesellschaft vor allem mit Schwäche gleichgesetzt wird. Dabei ist die Angst per se etwas sehr Positives. Denn wer Angst hat, ist überaus wachsam und sensibilisiert seine Sinnesorgane. Ich nenne hier als Stichwort nur den allseits bekannten Säbelzahntiger. Doch leider kann die Angst, wenn sie komplett das Ruder übernimmt, auch dazu führen, dass wir wie gelähmt sind. Und, statt uns auf den nächsten Baum zu retten, vor Angst erstarren und uns nicht mehr rühren können – eine sehr suboptimale Reaktion in einer Verhandlung. Weshalb?

Weil Ihr Gegenüber, während Sie noch sprachlos ins Leere starren, in aller Ruhe seine Ziele durchsetzen kann. Und sich, bis Sie wieder reaktionsfähig sind, schon längst drei Mal ins Fäustchen gelacht hat.

Doch warum reagieren wir so in einer Situation, die zwar unangenehm, aber definitiv nicht lebensbedrohlich ist? Weil wir, sobald wir uns in einer (vermeintlichen Lebens-) Gefahr wähnen, auf unser Stammhirn zurückgeworfen werden. Dieser Teil des Gehirns hat sich vor über 500 Millionen Jahren entwickelt und steuert Körperfunktionen wie die Herzfrequenz, den Blutdruck oder die Atmung. Vorgänge, die für den Menschen lebenswichtig sind und völlig unbewusst geschehen. Bei allem, was neu und unerwartet ist, greift es reflexartig auf Reaktionsmuster zurück, die noch aus der Zeit stammen, als wir Jäger und Sammler waren und jederzeit ein wildes Tier um die Ecke kommen konnte, um uns zu töten: Wir greifen an, flüchten oder stellen uns tot – Verhaltensweisen, die wir auch aus der Tierwelt kennen, insbesondere von Reptilien, bei denen das Stammhirn fast das ganze Gehirn ausmacht (weshalb dieser Teil des menschlichen Gehirns, in dem unsere reflexartigen Reaktionsmuster gespeichert sind, auch Reptiliengehirn genannt wird).

Auch wenn es in bestimmten Fällen sicher gut ist, dass wir ohne groß nachzudenken auf Autopilot schalten, gibt es natürlich zahlreiche Situationen, in denen dieses Verhalten nicht angebracht ist. Mehr noch, in dem es uns sogar zum Nachteil gereicht.

Sie glauben mir nicht? Dann lassen Sie mich das doch an einem Beispiel veranschaulichen, das, so abwegig es klingt, genau so passiert ist: An einem Verhandlungstisch sitzen auf der linken Seite zwei junge Einkäufer eines Kunden und auf der rechten Seite der Geschäftsführer und der Vertriebsleiter eines mittelständischen Lieferanten. Es ist elf Uhr morgens. Alle sind pünktlich. Alle. Bis auf den Einkaufsleiter, einen 65 Jahre alten, übergewichtigen, zur Ruppigkeit neigenden Herrn. Der kommt zehn Minuten zu spät in den Raum gepoltert und lässt sich geräuschvoll neben seine beiden jungen Kollegen plumpsen. Dann schaut er erst seine beiden Mitarbeiter, dann den Geschäftsführer an und fragt, mit einem Kopfnicken in Richtung Vertriebsleiter: »Was will denn dieses Arschloch hier?«

Der Vertriebsleiter bekommt einen hochroten Kopf. Der Geschäftsführer wird kreidebleich. So einen Einstieg haben sie bei einer Verhandlung noch nie erlebt. Und natürlich sind die beiden im ersten Moment schockiert.

Jetzt denken Sie vielleicht, wie kann ein gestandener, erfahrener Profi denn jemanden, mit dem er ins Geschäft kommen will, so dermaßen beleidigen? Die Lieferanten werden ihm doch jetzt erst recht, allein schon aus Trotz, ihre Konditionen diktieren. Denken Sie. Doch werden sie das wirklich? Sie können getrost vom genauen Gegenteil ausgehen: Bis Geschäftsführer und Vertriebsleiter aus ihrer Schockstarre aufgewacht sind, hat der Einkaufsleiter schon längst sein Maximalziel durchgesetzt. Und zwar ohne auf größere Widerstände zu treffen und ohne, dass über irgendwelche Konditionen gesprochen wurde. Er hat es einzig und allein dadurch geschafft, dass er die beiden komplett aus der Fassung gebracht und so sehr auf der Mikro-Ebene erwischt hat, dass diese nicht mehr fähig waren zu denken.

Doch wie hätte das Lieferantenteam diese Situation überhaupt noch retten können? Indem der Geschäftsführer aufgestanden und gegangen wäre? Dann hätte er zwar klare Kante gezeigt, den Kunden aber verloren. Aus Vertriebssicht nicht unbedingt die beste Lösung. Und wie lange hätte er überhaupt dafür Zeit gehabt? Maximal eine bis zwei Sekunden – eine Zwickmühle mit einer Zeitschaltuhr, in der schnelle Reaktion gefragt ist.

Durch das längere Zögern – er war ja für einen Moment unfähig zu denken – hat er allerdings bereits signalisiert, dass er sich für den Kunden und gegen seinen Vertriebsleiter entschieden hatte. Natürlich war das beleidigende Benehmen des Einkaufsleiters nicht einer besonders schlechten Tagesform geschuldet, sondern eine ganz bewusst gewählte Taktik aus der Strategie Druck, um sein Maximalziel möglichst schnell und effektiv zu erreichen. Anstatt einen kühlen Kopf zu bewahren und die Strategie zu durchschauen, hat der Geschäftsführer sich überrumpeln lassen.

Was geschieht in diesem Fall in seinem Kopf? Das Großhirn gibt an das Kleinhirn ab und das schaltet schnurstracks auf den Überlebensmodus. Und der kennt, wie bereits erwähnt, nur drei Reaktionsmuster: Flucht, Angriff oder Totstellen. Das Kleinhirn unseres Geschäftsführers hat sich in diesem Fall für Letzteres entschieden. Wodurch der Angreifer ohne Mühe erreichte, was er sich vorgenommen hatte, denn bis die Synapsen zwischen dem Groß-

und dem Kleinhirn wiederhergestellt waren, bis also das Überlebensprogramm wieder durch das Denkprogramm ersetzt wurde, hatte der Einkaufsleiter die Verhandlung schon lange gewonnen.

Welchen Vorwurf kann man dem Geschäftsführer bei diesem Beispiel machen? Er war unzureichend vorbereitet! Er hätte sich über seinen Verhandlungspartner besser informieren müssen, dann hätte er gewusst, was für eine Art Mensch der Einkaufsleiter ist, und wäre auf eine solche Provokation gefasst gewesen. Wer in die Höhle des Löwen geht, der muss eben auch damit rechnen, dass dieser brüllt – oder zubeißt. Vorbereitet hätte er eine ganz sachliche Antwort geben können, zum Beispiel:»Mein Kollege ist für die Kalkulation zuständig.« Das hätte gezeigt, dass er sich auf solche Spielchen erst gar nicht einlässt. Oder lächelnd darum bitten, doch wieder auf die Sachebene zurückzukommen:»Einen Versuch war's wert, doch kommen wir zurück zu den Fakten.« Beides hat er nicht getan. Stattdessen hat er sich einschüchtern lassen und wurde so gnadenlos überrollt.

Doch Vorsicht! Beide Reaktionen sind nicht immer die richtige Wahl. Zu jeder Verhandlung gehört eine eigene Strategie und Taktik. Schlagfertigkeit zum Beispiel kann in manchen Situationen auch nach hinten losgehen.

So wie bei der Verhandlung, von der eine Teilnehmerin an einem meiner Workshops berichtete: Sie war Einkäuferin bei einer großen Bank und kam zu einem Termin mit ihrem männlichen Kollegen. Bevor die Verhandlung losging, stellte ihr Kollege sie dem Verkäufer der Gegenseite vor. Woraufhin dieser schmierig grinsend sagte:»Na, da haben Sie aber das beste Pferd aus Ihrem Stall mitgebracht.«

Die Einkäuferin wurde knallrot und ärgerte sich. Doch sie ließ sich nichts weiter anmerken und auch ihr Kollege versuchte die Bemerkung zu übergehen. Die Verhandlung konnte also beginnen. Unterlagen wurden verteilt und ausgetauscht, der Kommentar des Verkäufers schien vergessen zu sein. Doch dann kam es erneut zu einer kritischen Situation, als er die Einkäuferin mit Blick auf den Papierlocher neben ihr fragte:»Hätten Sie freundlicherweise vielleicht ein Loch für mich übrig?« Eindeutig zweideutig!

Das saß. Die Männer starrten die Einkäuferin an und warteten darauf, wie sie auf diesen sexistischen Kommentar reagieren würde. Natürlich hätte sie am liebsten den Locher gegriffen und dem Verkäufer an den Kopf geschmissen. Doch das ging natürlich nicht. Welche Reaktionsmöglichkeiten hatte sie also?

Sie hätte ihm zum Beispiel vermeintlich schlagfertig ein schnippisches:»Ja bitte, hier, machen Sie es sich doch selbst« entgegnen können. Doch damit hätte sie sich nicht nur auf sein Niveau begeben, sondern wäre mit ihm im Gespräch geblieben. Was sicher die nächste sexistische Bemerkung provoziert hätte. Verlierer in einem solchen »Duell« ist leider meist die Frau.

Wie hätte sie noch reagieren können? Sie hätte dem Verkäufer den Locher geben und freundlich darauf hinweisen können, dass sie eine solche Bemerkung doch schon einmal höflich übergangen habe. Und er ihr doch bitte ein drittes Mal ersparen solle. Das wirkt wesentlich souveräner. Denn damit hätte Sie es ihm weder mit gleicher Münze heimgezahlt noch sich verletzt gezeigt. Sondern seine sexistischen Kommentare lediglich als das behandelt, was sie waren: eine große Peinlichkeit seinerseits.

Doch verständlicherweise war sie auf solch eine Provokation nicht eingestellt. Und so pfefferte sie mit hochrotem Kopf den Locher in Richtung Verkäufer und sagte nach der Verhandlung zu ihrem Kollegen: »Ich hoffe, dass Sie der anwesenden Dame zu Hilfe eilen, wenn Sie das nächste Mal in eine solche Situation kommen. Sie gewinnen dann einen Freund fürs Leben.« Hätte die junge Frau die erste Bemerkung geflissentlich übergangen und dann die zweite selbstbewusst kommentiert, hätte sie den Verkäufer in die Enge getrieben. Und vielleicht Konzessionszugaben herausgeholt.

Lassen Sie uns nun noch einmal kurz zusammenfassen, worauf Sie bei Verhandlungen im Beruf besonders achten sollten:

1. Die richtige Vorbereitung macht achtzig Prozent des Erfolgs aus. Weshalb? Weil wir mit ihr definieren, wie dick das Eis ist, auf dem wir uns bewegen, ob wir also gegebenenfalls eine größere Erschütterung aushalten oder schon bei der kleinsten einbrechen.

2. Es ist immer wichtig, in die Welt seines Gegenübers hineinzuargumentieren. Greifen Sie dafür vorab auf Präferenzmodelle wie zum Beispiel das DISG-Modell zurück und überlegen Sie, was für ein Typ Ihr Verhandlungspartner ist: Legt er Wert auf einen freundschaftlichen Umgang? Ist er ein sehr dominanter Mensch? Oder entspricht er eher dem Klischee des typisch deutschen Bürokraten? Vielleicht steht er auf Abenteuer? Oder analysiert er gern Details?
Wählen Sie dementsprechend Ihre Argumente

aus. Denn nur so wird er sich von Ihrem Angebot angesprochen fühlen.

Sie wiederum können sich schon im Vorfeld gegen eventuelle Seitenhiebe wappnen und fallen deshalb nicht bei der kleinsten Provokation reflexartig in ein naheliegendes Reaktionsmuster.

3. Lassen Sie sich nicht ins Bockshorn jagen. Eine gute Vorbereitung, ein klares Ziel, ein Plan B und das sichere Wissen, mit welchen Strategien und Taktiken Sie agieren müssen, sind die beste Angst-Prävention in der Verhandlung.

Alles in allem: drei Punkte, die entscheidend sind, um eine Verhandlung zu einem für Sie zufriedenstellenden Ergebnis zu bringen.

KAPITEL IV

IM PRIVATLEBEN:
RISIKOFAKTOR EMOTIONALITÄT

████████████ Wenn wir uns beruflich in einer Verhandlung befinden, sind wir uns meistens sehr genau darüber bewusst, weil die Verhandlung an einen bestimmten Termin gekoppelt ist, auf den wir uns vorbereiten können. Ein Vorteil, den wir im Privatleben nicht immer haben, denn gerade wenn wir mit Kindern unterwegs sind, werden wir immer wieder völlig unvorbereitet in Situationen geworfen, die uns zum Verhandeln zwingen. Davon kann ich, Vater einer elfjährigen Tochter, ein Lied singen. Und nicht selten sind diese privaten Verhandlungen selbst für mich viel schwieriger als die beruflichen. Weshalb?

Weil wir alle emotional gefangen sind. Und, auch wenn es irrational ist, befürchten, dass uns zum Beispiel unser Kind ein bisschen weniger liebt, wenn wir ihm das neue Feuerwehrauto, das Eis oder das neueste iPad nicht kaufen. Doch ebenso wie im Berufsleben sind wir auch hier schlecht beraten, uns von unserer Angst, in diesem Fall der Angst vor Liebesentzug, leiten zu lassen, denn sie bringt uns in eine geschwächte Position. Etwas, das wir als Erziehungsberechtigte, die verantwortlich für das Wohl der Kinder sind, tunlichst vermeiden sollten.

Doch natürlich sind wir nicht nur bei unseren Kindern emotional befangen. Auch bei unserem Partner, der Mutter, der besten Freundin geraten wir immer wieder in Situationen, in denen es uns schwerfällt, unsere Interessen durchzusetzen, weil wir Menschen, die uns nahestehen, nicht verletzen wollen. Weil wir an einem Konflikt kein Interesse haben. Und so kann es geschehen, dass wir plötzlich mit unserem Partner auf einer dreiwöchigen Wanderung durch Lappland sind, obwohl wir doch von Ferien am Strand geträumt haben. Einfach, weil wir aus Angst vor Zurückweisung eine Verhandlung über den Urlaubsort gescheut haben.

Wie Sie auch in solchen und anderen Situationen Ihre Ziele erreichen, ohne Ihr Gegenüber vor den Kopf zu stoßen, erzähle ich gleich.

Emotionalität von der Mikro-Ebene aus ist bei Verhandlungen immer ein schlechter Begleiter. Im Beruf ebenso wie im Privatleben (zur sehr positiven Wirkung richtig eingesetzter Emotionalität später mehr). Trotzdem lassen wir uns immer wieder von ihr leiten.

Lassen Sie mich Ihnen das an einem Beispiel verdeutlichen: Ich habe mir im letzten Jahr eine neue Couch gekauft, einfach, weil mir die alte nicht mehr so gut gefiel. Da sie aber durchaus noch gut in Schuss war, habe ich sie bei eBay-Kleinanzeigen zum Verkauf angeboten. Ich wollte 250 Euro dafür, hätte aber auch noch mit mir handeln lassen, weil ich keine Lust dazu hatte, die Couch selbst zu entsorgen. Nur kurze Zeit später meldete sich ein Mann bei mir per SMS und sagte, er werde am nächsten Tag um neun Uhr vorbeikommen, um sich die Couch anzusehen. Sehr gerne, schrieb ich zurück, und Punkt neun Uhr klingelte es an meiner Tür. Als ich öffnete, begrüßte mich ein freundlich aussehender junger Mann in einem breiten Dialekt, den ich nicht besonders gut leiden kann. Und schon hatten sich mir alle Nackenhaare aufgestellt. (Ja, ich weiß, das ist intolerant, aber ich komme nur schwer dagegen an.) Was dazu führte, dass ich mich innerlich immer mehr dagegen sträubte, mit dem Mann überhaupt in eine Verhandlung zu treten. Ja, selbst als er 220 Euro für die Couch bot, immer noch ein guter Preis, hätte ich den Deal fast ausgeschlagen.

Weshalb? Weil ich von der Mikro-Ebene aus agiert habe. Was, wie wir ja wissen, bei Verhandlungen keine gute Sache ist. Was tat ich also gerade noch rechtzeitig?

Ich begab mich auf die Meta-Ebene. Und auf der war mir recht schnell wieder klar, dass sein Angebot ein guter Deal war und ich zuschlagen sollte. Was ich dann auch tat. Doch fast hätte ich auf Grund meiner Emotionalität ein attraktives Geschäft ausgeschlagen.

Manchmal allerdings können wir die Emotionalität in einer Verhandlung auch für uns nutzen, so wie es meine Exfrau während eines Urlaubs in Ägypten sehr geschickt getan hat, obwohl sie sich in einer schwierigen Situation befand. Damals, meine Tochter Paula muss sechs oder sieben Jahre alt gewesen sein, waren die beiden bei meinem Schwager und dessen Familie zu Besuch in Ägypten. Weil es so heiß war, gingen sie fast drei Tage lang nicht aus dem Haus – was Paula natürlich alles andere als spannend fand. Um sie bei Laune zu halten, versprach ihr meine Frau deshalb, ihr beim ersten Gang in die Stadt ein Strandkleid zu kaufen. Endlich war es so weit. Gleich beim ersten Stand riss Paula ein Kleid vom Haken, zog es an und weigerte sich, es wieder auszuziehen. Denn das sollte es sein. Der Händler, der sich das ganze Schauspiel aus einiger Entfernung angesehen hatte, lachte sich ins Fäustchen. Er wusste, dass Paulas Mutter jetzt so gut wie keine Chance mehr hatte, von diesem Kauf zurückzutreten. Doch gerade als meine Frau das Kleid für fünfundzwanzig Euro kaufen wollte, flüsterte ihr meine Schwägerin ins Ohr: »Mehr als zehn Euro darfst du dafür nicht bezahlen.«

Und schon war sie mittendrin in dem Konflikt. Auf der einen Seite eine Tochter, die das Kleid unbedingt möchte, und auf der anderen Seite eine Schwägerin, die sie zum Feilschen auffordert. Nichts hasst meine Exfrau mehr, als zu handeln. Was also hätte sie tun können, um den Konflikt so zu lösen, dass beide Seiten, sowohl ihre Schwägerin als auch unsere Tochter Paula, zufrieden gestellt werden? Eine knifflige Situation. Und der Verkäufer bestand auf den aufgerufenen fünfundzwanzig Euro.

Paulas Mutter suchte fieberhaft nach einer Lösung. Da sah sie in der hinteren Ecke des Ladens drei Kinder auf dem Sofa sitzen. Und schon fing es in ihrem Kopf an zu rattern. Sie zerrte völlig unerwartet Paula das Kleid vom Leib, sagte ihr, dass sie jetzt gehen würden, und stapfte mit einem weinenden Kind an der Hand entschlossen aus dem Laden. Sprachlos blickte der Verkäufer ihr nach. Denn das war das Letzte, womit er gerechnet hätte. Und da er selbst Vater von drei Kindern war, konnte er es kaum ertragen, Paula weinen zu sehen – ein Fakt, den meine Exfrau natürlich mit eingeplant hatte.

Was meinen Sie, was dann geschah? Der Händler rannte den beiden hinterher und drückte meiner Tochter das Kleid für zehn Euro in die Hand. So waren alle Parteien zufrieden: Paula, weil sie ihr Kleid bekommen hatte. Der Händler, weil Paula wieder lächelte. Die Schwägerin, weil meine Frau sich an ihren Rat gehalten hatte, und meine Frau, weil es ihr gelungen war, sich durch einen Trick aus der Affäre zu ziehen. Und der Händler? Er hätte vermutlich ein besseres Geschäft gemacht, wenn er auf seiner professionellen Ebene geblieben wäre und sich nicht von seiner Emotionalität – dem Anblick eines weinenden Kindes – hätte leiten lassen. Immerhin hat er moralisch gewonnen, werfen Sie jetzt sicher ein, weil er das Kind nicht hat weinen lasen. Denken Sie? Aber was hätte Paulas Mutter wohl gemacht, wenn der Händler ihr nicht hinterhergerannt wäre? Wahrscheinlich wäre sie letztendlich doch zu dem Stand zurückgekehrt und hätte Paula das Kleid gekauft – für mehr als zehn Euro. Auch, wenn ihre Schwägerin sich darüber beschwert hätte.

Es gibt Situationen im Leben, da verliert man den Kopf. Vielleicht, weil das Gegenüber einen wunden Punkt getroffen hat, vielleicht, weil man sich persönlich angegriffen fühlt, oder einfach auch nur deshalb, weil der andere unglaublich unverschämt war. Und auch wenn man es seinem Verhandlungspartner dann am liebsten mit gleicher Münze zurückzahlen würde, kann ich Ihnen nur tunlichst davon abraten. Weshalb?

Weil Sie sich, wenn Sie auf derselben Ebene zurückschießen, auch automatisch auf das Niveau Ihres Gegenübers begeben. Und sich ebenfalls auf der Mikro-Ebene bewegen. Lassen Sie mich, um Ihnen das zu veranschaulichen, von einer Situation berichten, die mir eine Bekannte erzählt hat. Einer ihrer Kolleginnen ist Folgendes passiert: Sie arbeitete in einem Unternehmen mit mehreren männlichen Kollegen zusammen, verstand sich jedoch mit einem von ihnen ganz besonders gut. An einem Freitagnachmittag fand sie einen Umschlag auf ihrem Schreibtisch, auf dem stand: »Bitte nicht vor Sonntag öffnen.« Denn am Sonntag hatte sie Geburtstag. Sie erkannte an der Schrift sofort, dass die Nachricht von ihrem sehr geschätzten Kollegen stammte, und da sie eine sehr neugierige Person ist, öffnete sie den Umschlag sofort. Doch anstelle einer Karte, auf der »Alles Gute« oder »Happy Birthday« stand, hielt sie eine Pop-up-Karte in Form eines weiblichen Körpers in der Hand, über dessen Brüste ein Pinsel strich, wenn man sie öffnete. Und das war noch nicht alles. Auf der Innenseite der Karte stand auch noch zu lesen: »Meine liebe Kollegin, wenn ich an Sie denke, dann denke ich nicht nur an Arbeit. Siehe Karte.« Sie können sich vorstellen, wie schockiert und verletzt sie war.

Doch wie sollte sie darauf angemessen reagieren? In einem ersten Impuls möchte man vielleicht am liebsten alle Kollegen anrufen und ihnen davon erzählen. Oder gar die Karte einscannen und in einer E-Mail kommentarlos an alle weiterleiten. Doch mit einer solchen Reaktion hätte sie sich natürlich auf das gleiche Niveau wie ihr Kollege begeben. Und nicht nur das. In den Köpfen der anderen wäre, wenn ihr Name fällt, immer wieder die Postkarte mit dem zweifelhaften Motiv aufgeblitzt.

Was tat die junge Frau also stattdessen? Sie ging zu ihrem direkten Chef und erzählte ihm von der sexuellen Belästigung ihres Kollegen – mit dem Ergebnis, dass er eine Abmahnung erhielt und von dem Projekt, an dem die beiden arbeiteten, abgezogen wurde. So diskret, dass es weder in der Öffentlichkeit publik wurde noch sie sich eventuell einen unschönen Spitznamen einhandelte. Sie hat also ihrem ersten Impuls widerstanden, ist stattdessen von der Mikro-Ebene auf die Meta-Ebene geswitcht und hat von dort aus souverän und überlegt reagiert. Ein Verhalten, das ihr in dieser sehr verletzenden Situation sicher alles andere als leichtgefallen ist, das aber bewirkte, dass sie gegenüber ihrem Kollegen wieder die Oberhand gewonnen hat und als Gewinnerin aus diesem Erlebnis herausgehen konnte.

So hat bei ihr die Meta-Ebene die Verhandlung mit der sehr aufgebrachten Mikro-Ebene gewonnen.

Doch natürlich geraten wir gerade im Privatleben immer wieder in Situationen, in denen wir impulsiv erst einmal aus der Mikro-Ebene reagieren. Ein Beispiel aus dem Patchwork-Familienleben eines Bekannten, der seit drei Jahren mit seiner neuen Partnerin zusammenlebt, soll dies veranschaulichen. Er bringt einen achtjährigen Sohn mit in die neue Beziehung, sie eine sechsjährige Tochter. Mit der gemeinsamen neuen Bleibe fingen die Herausforderungen und Probleme an.

Die Tochter der Partnerin machte einen extrem zerstreuten Eindruck. Sie kam morgens nicht aus dem Bett, ließ ständig das Licht brennen und war beim abendlichen Tischabräumen so trödelig, dass sich sein Sohn beschwerte, weil das meiste an ihm hängenblieb. Zu Beginn wollte mein Bekannter das nicht überbewerten. Man muss sich schließlich erst aneinander gewöhnen. Die neuen Abläufe müssen sich ja erst einspielen. Aber irgendwann konnte er es nicht mehr ignorieren. Was tun?

Am nächsten Abend drängte er die Tochter seiner Partnerin, doch auch ihren Beitrag zu leisten. Die Reaktion war trotzig und stur, er reagierte mit mehr Druck, das Ganze eskalierte. Das Mädchen wurde emotional, er ebenso. Mikro-Ebene pur bei beiden.

Seine Partnerin erklärte ihm, dass sich ihre Tochter eben nicht so stromlinienförmig verhalte. Eher spielerisch solle er versuchen auf sie einzugehen. Nun platzte meinem Bekannten der Kragen. Ein »alberner Schneckentanz« sei das, meinte er, und verscherzte es sich damit bei Mutter und Tochter gleichermaßen. Na super.

Schließlich wandte er sich an mich. »Du kennst dich doch mit Kommunikation aus. Hast du einen Tipp für mich?«, fragte er bei einer Tasse Kaffee. »Das Primäre und Wichtigste machen wir ja bereits«, antwortete ich ihm. »Wir sitzen bei einer Tasse Kaffee entspannt außerhalb der Stresssituation auf der Meta-Ebene.« Und nun begannen wir von dort aus die Situation zu betrachten. Was genau stresste ihn? Welches Verhalten zeigte das Mädchen? Wie verhielt sich die Mutter?

Ein alter Grundsatz der Verhandlungsführung lautet: »Wer mit Menschen zu tun hat, sollte sie gut verstehen.« Also versuchten wir erst mal das Mädchen nach der DISG-Methode einzuschätzen. Folgende Eigenschaften konnten wir herausarbeiten: analytisch stark (spielt bereits mit sechs Jahren Schach), liebt klare Strukturen (malt Bilder mit dem Lineal), mag Star Wars und Comics, ist sportlich eher unbegabt, geht zwischenmenschlichen Konflikten durch Schweigen gern aus dem Weg, hat Schwierigkeiten pünktlich zu sein, ist oft vergesslich, kann sich zu hundert Prozent auf Dinge fokussieren, die ihr Spaß machen, und setzt Aufgaben, die man ihr stellt, nur langsam um. Na? Haben Sie schon eine Idee, was für ein DISG-Typ sie ist?

Das hört sich nach ganz viel G-Anteilen an. Gewissenhaft, mit dem Hang zum Perfektionismus. »Das seh ich beim Tischabräumen aber gar nicht!«, wendet sofort mein Bekannter ein. Da hat er recht. Perfektionismus spielt auch nur dort eine Rolle, wo die Leidenschaften und Interessen des G'lers liegen. Die Hausarbeit gehört da ganz offensichtlich nicht dazu. Wenn es allerdings um das Bemalen von Porzellantellern und Tassen geht ...

Ich führe ihn Stück für Stück in die Welt des G'lers ein.

Und er lernt das Mädchen zu verstehen. Er versteht, dass sie sich nicht absichtlich widerspenstig verhält, sondern einfach nur so, wie es ihrem DISG-Profil entspricht. Indem er sich auf sie einlässt, gelingt es ihm, sie an der täglichen Hausarbeit zu beteiligen. Mit einem langen Faden macht er aus dem Tisch ein Tic-Tac-Toe-Feld. Sieger ist, wer es als Erster schafft, eine Dreierreihe abzuräumen – abwechselnd natürlich, wie es zum Spiel gehört. Das Ende vom Lied? Plötzlich wird aus der langweiligen Arbeit ein spannendes Spiel für die Kinder. Und es geht fast von alleine. Fast ...

Was sagen uns diese Beispiele? Zum einen zeigen sie natürlich wieder, wie wichtig es ist, in kniffligen Situationen von der Mikro-Ebene auf die Meta-Ebene zu wechseln, gerade, wenn Emotionen mit im Spiel sind. Zum anderen lernen wir daraus, dass wir uns niemals, auch wenn unser Verhandlungspartner uns unter der Gürtellinie trifft, auch wenn wir noch so verletzt sind, auf das gleiche Niveau begeben dürfen, sondern eine souveräne Lösung finden sollten. Nur so können wir eine verfahrene (oder peinliche) Situation schlussendlich doch noch zum Guten wenden.

KAPITEL V

IM ALLTAG —
MEIN ZAHNARZT, DER AUTOHÄNDLER UND ICH

Wie wir in den letzten Kapiteln erfahren haben, führen nicht nur Banker, Manager und Vorstandsvorsitzende Verhandlungen, sondern wir alle: im Beruf, im Privatleben und auch in unserem alltäglichen Miteinander an der Supermarktkasse, beim Friseur oder beim Autohändler. Diese Alltags-Verhandlungen sind besonders schwierig, da wir unser Gegenüber kaum kennen und uns dementsprechend auch nicht auf seine Vorlieben oder Abneigungen einstellen können. Wir wissen nicht, welchen Biorhythmus unser Bäcker hat, geschweige denn, wohin er in den Urlaub fährt oder für welchen Fußballverein sein Herz schlägt. Denn auch wenn wir uns im Laufe der Zeit sicherlich das ein oder andere Mal mit ihm unterhalten haben, können wir uns im passenden Moment bestimmt nicht daran erinnern. Dabei wären diese Informationen für uns durchaus hilfreich, wie ich selbst bei meinem letzten Zahnarztbesuch erleben konnte.

Wie üblich meldete ich mich am Empfang, wo man mich bat, noch kurze Zeit im Wartezimmer Platz zu nehmen. Nur wenige Minuten später kam der mir wohl bekannte Zahnarzt herein und begrüßte mich mit den Worten:»Guten Tag, Herr Gamm, Sie sind von Ihrem Urlaub aus Florida also heil zurückgekehrt.« Obwohl wir uns das letzte Mal vor über einem halben Jahr gesehen hatten, schien sich mein Zahnarzt an unser letztes Gespräch bestens zu erinnern. Positiv überrascht, fing ich auf dem Weg in den

Praxisraum zu erzählen an. Als ich schließlich auf dem Behandlungsstuhl saß, fragte er mich:»Und Ihre Tochter Paula, war die denn auch dabei?«

Ich war baff. Mein Zahnarzt erinnerte sich nicht nur daran, dass ich eine Tochter hatte. Nein, er wusste auch noch, wie sie heißt. Sollte er wirklich ein so gutes Gedächtnis haben? Neugierig, wie ich bin, konnte ich nicht anders, als ihn zu fragen:»Wie machen Sie das?«

Mein Zahnarzt lächelte, wohlwissend, worauf ich anspielte, und nach einer kurzen Pause erzählte er mir, dass er sich auf der Krankenakte von jedem Patienten Stichworte zu dessen Privatleben und dem letzten Gespräch mit ihm mache, um durch eine persönliche Ansprache ein Vertrauensverhältnis zu ihm aufzubauen und die ohnehin schon wenig attraktive Situation – wer geht schon gern zum Zahnarzt? – so angenehm, angstfrei und entspannt wie möglich zu gestalten. Eine wirklich sehr originelle und einfallsreiche Taktik, der er sicher auch seinen treuen Kundenstamm und seine volle Praxis zu verdanken hat. Zudem ein sehr gutes Beispiel, um zu zeigen, wie wichtig ein persönliches Verhältnis während einer Be-, bzw. Verhandlung ist. Denn sobald jemand Interesse an uns signalisiert, sind wir immer viel eher dazu bereit, einen Konsens mit ihm zu finden. Ich bin sicher, dass Ihnen hierzu recht schnell ein passendes Beispiel aus Ihrem eigenen Leben einfällt.

Es gibt viele Möglichkeiten, wie Sie ein gutes Verhältnis zu Ihrem Verhandlungspartner aufbauen können. Dafür machen wir einen kleinen Exkurs in die Tierwelt. Um genau zu sein, zu den Fischen.

1. DIE ANGLER-METHODE

Der Köder muss dem Fisch schmecken und nicht dem Angler! Diese alte Angler-Weisheit ist auf verschiedene Bereiche übertragbar und gilt insbesondere fürs Verhandeln. Doch wie oft angeln wir mit einem Schnitzel oder einem Hamburger statt mit einem Wurm? Und wundern uns am Ende, dass wir ohne Fisch nach Hause gehen?

Wie immens wichtig es ist zu überlegen, mit welchem Köder man bei seinem Gesprächspartner punkten muss, um eine Verhandlung zu einem erfolgreichen Abschluss zu bringen, habe ich letzten Herbst am eigenen Leib erfahren.

Da sich an einem Freitag ganz kurzfristig die Möglichkeit eröffnet hatte, anderntags meinen BMW verkaufen zu können, rief ich am späten Nachmittag in der Werkstatt an, um anzukündigen, dass ich morgen meine dort eingelagerten Winterreifen abholen würde. Der Mitarbeiter am anderen Ende der Leitung sagte mir jedoch, dass das nicht gehe. »Warum denn nicht?«, fragte ich erstaunt.

»Das Lager ist samstags immer geschlossen«, war die kurze Antwort.

Also fragte ich, ob es dann nicht möglich sei, die Reifen in den Verkaufsraum zu legen, damit ich sie mir dort abhole.

»Nein«, hieß es wieder knapp.

»Und warum das nicht?«, fragte ich nun schon leicht verärgert.

»Erstens könnten sie dort geklaut werden und zweitens dürfen sie dort nicht den ganzen Tag herumstehen.«

Meine Mikro-Ebene war kurz davor, ihm angriffslustig erklären zu wollen, wer hier der Kunde und wer der Dienstleister war. Doch Gott sei Dank war meine Meta-Ebene schneller und ich erkannte, dass mein Gegenüber jemand ist, der sich ganz offenbar sehr strikt an Regeln hält. Nach dem DISG-Modell also ein stetiger Typ. Ich musste folglich eine Lösung finden, die diese Charaktereigenschaft berücksichtigt. Also fragte ich ihn, ob er die Reifen vielleicht am Freitagabend, kurz bevor der Verkaufsraum schließt, dort abstellen könnte? Dann würde ich sie Samstagfrüh pünktlich um neun Uhr, wenn er wieder öffnet, abholen. Und während der Nacht seien sie ja dann sicher.

Stille am anderen Ende der Leitung. Nach einem kurzen Räuspern antwortete der Mitarbeiter, dass er sich dafür erst das Einverständnis des Vertriebs holen müsse. Er werde mich in einer Stunde zurückrufen. Exakt sechzig Minuten später teilte er mir mit, dass ich meine Reifen am Samstag im Verkaufsraum abholen könne. Punkt neun Uhr. »Allerdings nur mit Ausweis und Abholschein.«

»Selbstverständlich«, sagte ich daraufhin, »Ordnung muss sein.« Und so bin ganz ohne Stress doch noch rechtzeitig an meine Winterreifen gekommen. Wie ist mir das gelungen?

Indem ich mich in meiner Kommunikation und meinem Verhalten meinem Gegenüber und seiner Welt angepasst habe. Denn hätte ich versucht, ihn mit Sprüchen wie »seien Sie doch mal locker« oder »eine inoffizielle Lösung lässt sich doch immer finden« weichzuklopfen, hätte er – ein Freund von Regeln und Ordnung – sofort dichtgemacht.

Leider gelingt es mir nicht immer, so zu reagieren: Vor einigen Jahren bekam die Frieder Gamm Group mehr und mehr Anfragen aus den USA, einem meiner Lieblingsreiseländer. Und wie es der Zufall so will, haben wir auch einen

Trainer, der in der Nähe von Washington lebt. Warum also, so meine Idee, sollten wir nicht auch dort ein Büro eröffnen?

Wie bereits beschrieben, bin ich ein sehr spontaner, schnell agierender und aktionsorientierter Mensch. Oder, um bei unserem schönen DISG-Modell zu bleiben, bei mir sind das D (Dominanz) und I (Initiative) sehr stark ausgeprägt. Weshalb ich auch, erfreut über eine neue gute Idee, sofort eine Mail an den betreffenden Trainer schrieb: »Harry, lass uns die FGG (Frieder Gamm Group) USA gründen!«

Nur eine Stunde später bekam ich eine Antwort von ihm. Allerdings kein begeistertes »Super, das machen wir!«, sondern eine siebenseitige Liste mit Bedenken und Fragen, die er vorab erst gerne einmal geklärt hätte. Whomm – das war ein Schlag in die Magengrube! Woraufhin ich, frustriert von dieser Reaktion, meine Idee wieder verwarf. Wenn er nicht genauso begeistert war wie ich, dann könnten wir es ja gleich bleiben lassen.

Ein Fehler, wie ich mir später eingestehen musste. Denn ich hatte vor lauter Enttäuschung völlig übersehen, dass ich mich, als ich unserem Trainer meine Idee präsentierte, nicht an seinem bevorzugten Kommunikationsstil orientiert hatte. Ich hatte nicht bedacht, dass er ein sehr gewissenhafter, strukturierter, reflektierter Mensch ist, ganz anders gestrickt als ich. Mehr noch: Ich hatte erwartet, dass er auf meinen Vorschlag ebenso begeistert reagiert, wie ich es an seiner Stelle getan hätte. Nämlich, ohne groß darüber nachzudenken, »Super! Wann wollen wir loslegen?« zu schreiben.

Ich habe es in dieser Situation also nicht nur verpasst, mich meinem Gegenüber und seiner Persönlichkeit anzupassen, ich habe seine Reaktion auch völlig zu Unrecht als eine negative angesehen. Dabei war sie im Kontext seiner Persönlichkeit eine durchaus positive. Nur äußerte sich bei ihm die Begeisterung eben nicht durch ein schnelles Arme-nach-oben-Reißen und Loslegen, sondern durch eine überlegte und ernsthafte Auseinandersetzung mit meiner Idee.

Eigentlich hätte mir nichts Besseres passieren können. Doch da ich zu sehr auf meiner emotionalen Mikro-Ebene verhaftet war, habe ich es nicht geschafft, seine Reaktion von der Meta-Ebene aus richtig zu bewerten – weshalb wir die FGG USA bis heute nicht gegründet haben. Beide haben wir jeweils aus unserer eigenen Welt argumentiert – statt in die Welt des anderen hinein! Erst sehr viel später haben wir das Missverständnis von damals auf der Meta-Ebene geklärt und herzlich darüber gelacht. Dass ausgerechnet uns so etwas passiert! Aber vor einer emotionalen Reaktion auf der Mikro-Ebene ist eben niemand gefeit.

2. AUF EINER EBENE KOMMUNIZIEREN

Während früher – zumal in großen Unternehmen – ein starkes Hierarchiegefälle gang und gäbe war, wird das strenge Oben-unten-Prinzip heute quer durch alle Branchen mehr und mehr aufgebrochen. Warum? Weil letztlich alle Beteiligten davon profitieren. Lassen Sie mich Ihnen hierfür ein schönes Beispiel geben.

Der wie immer bestens gekleidete Vorstandsvorsitzende eines international agierenden Unternehmens legt im Vorzimmer sein Jackett und die Krawatte ab, krempelt die

Ärmel hoch und nimmt den Aufzug nach unten in die Produktion. Dort angekommen, stellt er einen Fuß auf eine Gitterbox und unterhält sich in einem sehr einfachen, verständlichen Deutsch mit den überwiegend ausländischen Mitarbeitern, stellt ihnen Fragen zu ihrer Arbeit und lässt sich erklären, wo es hakt. Nach zwanzig Minuten geht er wieder, während der eine Arbeiter zu seinem Kollegen sagt: »Mit Cheffe kann man reden wie mit dir.« Zurück in seinem Büro bindet sich der Vorstand seine Krawatte um und legt sein Jackett wieder an, denn bald schon hat er den nächsten Termin.

Warum hat er diese optische »Verwandlung« vorgenommen? Weil er durch sein legeres Auftreten seinen Angestellten die Scheu nehmen wollte und dadurch leichter und besser mit ihnen in Kontakt kommen konnte. Dies wiederum hatte zweierlei zur Folge: Da die Mitarbeiter Vertrauen zu ihm gefasst hatten, erfuhr er Dinge, die er sonst vielleicht nicht erfahren hätte. Und die Mitarbeiter fühlten sich gesehen und wertgeschätzt und waren daher in besonderem Maße bereit, sich für die Firma zu engagieren. Eine Win-win-Situation für beide Seiten also.

Alternativ hier noch ein Beispiel aus dem Privatleben: Ich kann mich noch sehr genau daran erinnern, wie wir vor einigen Jahren in der Nähe von Stuttgart ein Haus gebaut haben und eine Beschleunigung des Bauantrages benötigten. Etwas, das in Deutschland auf Grund unserer ausgefeilten Bürokratie ein schwieriges Unterfangen ist.

Wer, meinen Sie, ist da zum Rathaus gegangen, um den Prozess voranzutreiben? Meine Frau. Sie hat einen hohen Stetigkeits-Anteil, hat 16 Jahre lang in der Steuerberatung gearbeitet und viel mit Finanzämtern und Behörden verhandelt. Und jetzt raten Sie mal, wie das Ganze ausging.

Natürlich hat meine Frau die Beschleunigung bekommen. Indem sie so geduldig und ausdauernd war wie die Beamtin, die dort arbeitete. Die Verhandlungspartner haben optimal zueinander gepasst.

Natürlich muss man immer darauf achten, dass die Anpassung an den Gesprächspartner auch wirklich authentisch ist. Denn nichts ist peinlicher, als wenn der fünfzigjährige Vater sich auf der Party seines sechzehnjährigen Sohnes blicken lässt und sich im Jugendslang mit den anderen Teenagern über seine eigene ach-so-wilde Jugend unterhalten will.

Als Jugendlicher hatte ich selbst einen Freund mit so einem Vater und ich muss zugeben, dass ich zunächst ziemlich beeindruckt von ihm war. Er war unterwegs in Bikerjacke und Jeans und cruiste auf dem Motorrad durch die Gegend. Als er jedoch während eines gemeinsamen Mittagessens immer wieder betonte, dass Swing und Jazz die einzigen wahren Musikrichtungen seien, wurde mir schlagartig klar: Im Grunde ist auch dieser Vater gar nicht so anders als meine Eltern. Er hat lediglich versucht, sich uns durch sein Äußeres anzupassen. Mit einer solchen »Masche« begibt man sich auf dünnes Eis. Denn während es noch relativ leicht ist, Äußerlichkeiten zu kopieren, zeigt sich bei Gesprächen und Themenwahl schnell, ob der Gesamtauftritt stimmig ist oder nicht. Das gilt auch und nicht zuletzt bei Verhandlungen.

Wie wichtig es ist, mit dem Gegenüber auf einer Ebene zu kommunizieren, habe ich selbst erlebt, als ich mir vor einigen Jahren für meinen Computer eine Grafikkarte kaufen wollte. Am besten, so dachte ich, gehe ich dafür in ein Fachgeschäft und lasse mich von einem Profi beraten. Dort angekommen, fragte mich der Computerfachmann:

»Was für eine Grafikkarte brauchen Sie denn?«

»Eine, mit der ich zwei Bildschirme miteinander verbinden kann«, erwiderte ich noch guter Dinge.

»Aha«, antwortete der Fachmann trocken.

Schon stellten sich mir die Nackenhaare auf. Denn mir gefällt es überhaupt nicht, wenn andere mich behandeln, als wäre ich ein Idiot. Doch genau das tat dieser Verkäufer gerade eben.

»Eine Onboard- oder Zusteckkarte?«, fuhr er fort.

Mein Puls schnellte nach oben. Woher sollte ich das denn wissen? Er war doch der Profi und nicht ich. Warum fragte er mich Sachen, auf die ich keine Antwort parat hatte?

Schlussendlich musste ich unverrichteter Dinge ins Büro zurückgehen, mir von einem Mitarbeiter aufschreiben lassen, welche Grafikkarte ich brauchte, um dann, mit dem Zettel in der Hand, wieder in das Computerfachgeschäft zu marschieren. Dort stellte mir derselbe Mitarbeiter erneut ein dutzend Fragen, die ich ihm nicht beantworten konnte. Woraufhin ich wütend, ohne irgendetwas zu kaufen, nach Hause ging und einen Computerexperten einbestellte. Der dann auch innerhalb kürzester Zeit, ohne irgendwelche Fragen zu stellen, mein Problem gelöst hatte.

Das Computerfachgeschäft allerdings hatte einen potentiell guten Kunden für immer verloren. Was hat der Mitarbeiter des Ladens falsch gemacht? Er hat sich nicht auf meine Ebene begeben, sondern ist, obwohl er gemerkt hat, dass ich ihn nicht verstehe, stur auf seiner Expertenebene geblieben. Und hat dabei nicht mal registriert, dass mich diese Art der Kommunikation total nervt. Hätte er indes versucht, mir in einfachen Worten zu erklären, welche Informationen er braucht, um mir die richtige Grafikkarte herausuchen zu können, hätte er mich nicht nur dieses eine Mal zufrieden gestellt. Nein, ich hätte mich so gut beraten gefühlt, dass ich beim nächsten Mal wieder dorthin gegangen wäre. So jedoch sah mich dieses Fachgeschäft nie mehr wieder.

Was lernen wir daraus? Niemand will sich dumm oder unwissend fühlen. Holen Sie also Ihren Verhandlungspartner in seiner Welt ab, vermeiden Sie einen belehrenden Ton. Und bemühen Sie sich um eine gemeinsame Wellenlänge.

Wie leicht Verhandeln sein kann, wenn man sich auf derselben Ebene trifft, zeigt das Beispiel eines Erstgesprächs mit einem neuen Kunden. Ich hatte herausgefunden, dass der Geschäftsführer ein leidenschaftlicher Fan des SV Werder Bremen war. Und zwar ein so leidenschaftlicher, dass man ihn im Falle einer Niederlage seiner Mannschaft am Wochenende besser nicht vor Mittwoch ansprach (Tipp seiner Sekretärin). Nun hatte ich den Termin allerdings an einem Montagnachmittag. High Risk oder volle Chance! Denn ausgerechnet an dem vorausgehenden Wochenende spielte Werder gegen meinen Lieblingsverein VfB Stuttgart. Und gewann!

Mit welchem Satz habe ich unser Gespräch wohl begonnen? »Herzlichen Glückwunsch zum Sieg am Wochenende!«, sagte ich zerknirscht. Er lachte herzlich, bedankte sich und sofort befanden wir uns auf einer Gesprächsebene. Wir sprachen dann fast eine Stunde über Fußball und – ach ja – das eigentliche Geschäft ging in fünf Minuten über den Tisch. Ohne großartige Verhandlung. Einzig und allein deshalb, weil der eine sich auf die Lebenswelt des anderen eingestellt hat.

3. FRAGEN, FRAGEN UND NOCHMALS FRAGEN

Ich habe es bereits zu Beginn des V. Kapitels erwähnt: Gerade im Alltagsleben müssen wir immer wieder mit Menschen Verhandlungen führen, deren Persönlichkeit, Vorlieben oder Abneigungen wir nicht kennen. Im Gegensatz zu den Verhandlungspartnern, mit denen wir uns im Beruf konfrontiert sehen, haben wir im Alltag auch nur selten Gelegenheit, uns vorab ausreichend zu informieren. Ein ganz wesentliches Modul, die ausführliche Vorbereitungsphase, fehlt uns meistens. Wie können wir das kompensieren?

Keine Sorge: Wir haben unsere Meta-Ebene, auf die wir uns jederzeit begeben können, wenn wir spüren, dass wir in einer Verhandlung feststecken. Und natürlich gibt es auch noch sehr gute andere Möglichkeiten, auf die Sie in Alltagssituationen zurückgreifen können, um eine Verhandlung zu Ihren Gunsten abzuschließen.

Lassen Sie mich Ihnen zur Veranschaulichung ein ganz einfaches Beispiel erzählen. Während meiner Trainings suche ich mir gerne eine beliebige Dame aus der Runde aus und frage sie völlig unvermittelt: »Wollen Sie mich heute Abend zum Essen einladen?«

Selbst wenn sie mir ein höfliches, aber stotterndes »Ja, gerne doch« als Antwort gibt, drückt sie mit ihrer entsetzten Mimik meist ein überdeutliches »Nein« aus. Ich entschuldige mich dann lächelnd mit den Worten: »Das war jetzt vielleicht doch sehr direkt von mir. Bitte geben Sie mir noch eine zweite Chance, um es besser zu machen.«

Dann beginne ich mit viel weniger offensiven Fragen ein Gespräch mit ihr, erkundige mich, ob sie viele Verhandlungen führen müsse, wie diese verliefen und ob sie immer zu hundert Prozent ihr Ziel erreiche. Was ihr natürlich nicht in all ihren Verhandlungen gelingt. Daraufhin erwähne ich, dass ich aktuell an einem Projekt mitarbeite, das an der Universität Stuttgart – Lehrstuhl für Beschaffungsmarketing – durchgeführt wird. In diesem Projekt versuchen wir eine Methode zu entwickeln, die einen hundertprozentigen Erfolg garantiert. Ich frage die Dame, ob sie denn auch solch eine Methode kenne. Natürlich nicht. Hätte sie denn Interesse daran, frage ich weiter. Ja, natürlich. Leider könne ich aus Gründen der Geheimhaltung das Projekt nicht in diesem Rahmen vorstellen. Aber, fahre ich fort, ich hätte eine Beschreibung dabei, aus der die Grundprinzipien hervorgingen. Zwar hätte ich noch bis 17 Uhr ein Training und um 19 Uhr schon wieder eine Besprechung. Aber dazwischen würde ich gerne eine Kleinigkeit essen gehen.

Was denken Sie, was nun meist passiert? Richtig! Die betreffende Dame grinst und fragt mich, ob sie mich denn zum Essen einladen dürfe. Und dieses Mal ist es auch ehrlich gemeint. So schnell hat sie ihre Meinung geändert.

Wie habe ich das erreicht? Wie ist es mir bei meinem zweiten Versuch gelungen, die Teilnehmerin von einem körpersprachlich klaren NEIN zu einem JA zu bringen?

Durch Fragen! Ich habe ausschließlich über Fragen geführt. Und weder mit Argumenten noch irgendwelchen Gegenleistungen gepusht. Nein, ich habe mittels Fragen das Gespräch in die Richtung gelenkt, in der ich es haben wollte. Ich habe zuerst Dinge angesprochen, die meine Gesprächspartnerin betrafen, um dann auf mein eigenes Thema zu kommen ...

Was können Sie also mittels Fragen erreichen? Sie können einen Dialog aufbauen. Fragen sind die Grundlage des Dialogs. Zudem können Sie Informationen gewinnen, die Sie im weiteren Verlauf des Gesprächs geschickt für sich nutzen können. Im Umkehrschluss können Sie aber auch durch Fragen verhindern, dass Ihr Verhandlungspartner Informationen über Sie erlangt: Solange Sie Fragen stellen, müssen Sie schon keine Antworten geben ...

Und was können Sie mittels Fragen noch herausfinden? Das Ziel, das unser Verhandlungspartner verfolgt. Nun, das wird er Ihnen ja wohl nicht direkt auf die Nase binden, denken Sie vielleicht jetzt. Doch, wird er. Denn wie sonst könnten Sie ihn bei der Erreichung seines Ziels unterstützen? Das wäre ja ungefähr so, als würden Sie in ein Taxi einsteigen und dem Taxifahrer auf seine Frage »Wohin soll es denn gehen?« antworten: »Sag ich nicht.« Je geschickter Sie es anstellen, desto schneller durchschauen Sie den Plan Ihres Gegenübers und können sich darauf einstellen.

Und außerdem? Sie können Ihren Verhandlungspartner manipulieren und das Gespräch in eine bestimmte Richtung lenken. Ein unschönes, aber reales Beispiel ist die Frage eines neidischen Kollegen bei einer Teamsitzung: »Herr Müller, läuft denn Ihr neues Projekt besser als Ihr vorheriges?« Wenn nun Herr Müller auf der Mikro-Ebene mit Ja antwortet, gibt er zu, dass sein letztes nicht besonders gut lief. Antwortet er mit Nein, gesteht er sogar, dass beide Projekte ein Misserfolg waren.

Besser ist die Antwort: »Danke der Nachfrage – alle meine Projekte laufen gut.« Oder: »Wie kommen Sie darauf, dass mein bisheriges Projekt nicht erfolgreich war?« Mit einer solchen Antwort kann Herr Müller den Ball geschickt zurückspielen. Doch dazu muss er die Manipulation durchschaut haben. Und das gelingt nur auf der Meta-Ebene.

Welche Berufsgruppe beherrscht diese Form des Fragenstellens wohl am besten? Wahrscheinlich Politiker. Sie sind wahre Meister der Rhetorik und beherrschen das Prinzip der Gegenfrage beziehungsweise des Umgehens einer direkten Antwort perfekt. Das ist bei Interviews laufend zu beobachten. Wenn der Journalist oder Moderator eine kritische Frage stellt, lautet die Antwort häufig: »Das ist eine sehr gute Frage. Aber die eigentliche Frage ist doch ...« Der Politiker beantwortet also seine eigene Frage. Nur sehr wenige Gesprächspartner wagen es, ihn zu unterbrechen und ihre Frage erneut zu stellen. Oder ihn darauf hinzuweisen, dass er offenbar nicht bereit ist, auf sie einzugehen. Womit das Ausweichen des Politikers zumindest thematisiert wäre.

Fassen wir also zusammen: Warum ist es wichtig, seinem Gegenüber bei einer Verhandlung Fragen zu stellen?

1. Wer fragt, bekommt Informationen. Etwas, das bei jeder Art von Verhandlung dazu dient, sie zu einem befriedigenden Ende zu bringen.

2. Warm-up: Wer nach den Interessen, Hobbys, Vorlieben seines Gesprächspartners fragt, hilft die Atmosphäre zu entspannen.

3. Wer fragt, läuft nicht Gefahr, Informationen preiszugeben.

4. Fragen signalisieren Interesse und stimmen unseren Gesprächspartner positiv auf uns ein.

5. Wer fragt, kann die Ziele des anderen herausfinden und im Idealfall mit den eigenen kombinieren.

6. Durch Fragen kann man ein Gespräch lenken.

7. Durch Fragen kann man sein Gegenüber manipulieren oder auch dessen Manipulation aufdecken.

Doch natürlich ist es nicht nur wichtig zu wissen, was wir mit den Fragen erreichen können, sondern auch, wie wir sie am geschicktesten stellen.

In meinen Seminaren nehme ich an dieser Stelle immer ein Blatt Papier, schreibe einen Begriff darauf und drehe das Blatt um, so dass keiner sehen kann, was darauf steht. Danach fordere ich die Teilnehmer auf, durch Fragen herauszufinden, was ich auf das Blatt geschrieben habe.

Die typischen Fragen, die dann folgen, sind: »Kann man es essen?«, »Haben Sie es zu Hause?«, »Benutzen Sie es täglich?« oder »Haben Sie es heute dabei?« Meistens sind mehr als zwanzig Fragen erforderlich, bis die Teilnehmer den Begriff herausgefunden haben. Weshalb? Weil keiner der Seminarteilnehmer auf die Idee kommt, mir anstatt einer *geschlossenen Frage*, also einer Frage, die man nur mit einem Ja oder Nein beantworten kann, eine offene Frage zu stellen. Wie zum Beispiel: »Was kann man mit dem, was auf Ihrem Blatt steht, anfangen?« Würde ich ihnen antworten: »eine Weinflasche öffnen«, würden sie recht schnell wissen, dass es sich um einen Korkenzieher handeln muss.

Wie sehr geschlossene Fragen in die Enge führen können, veranschaulicht eine Szene in der John-Grisham-Verfilmung ›Die Jury‹: Vor einem amerikanischen Gericht findet ein Prozess wegen Kindesmissbrauchs statt. Der Staatsanwalt stellt einem Zeugen eine ganze Reihe von Fragen:

»Wurden Sie jemals verhaftet?«

»Nun ja, ...«

»War das wegen Verführung Minderjähriger?«

»Nun also, ...«

»Bitte antworten Sie nur mit Ja oder Nein!«

»Ja.«

Was dabei vollkommen ausgeblendet wird, ist die Tatsache, dass der Zeuge als Neunzehnjähriger zwar ein Verhältnis mit einer Fünfzehnjährigen hatte und dafür zur Rechenschaft gezogen wurde, dass er aber seit mittlerweile fünfundzwanzig Jahren mit ihr verheiratet ist. Geschlossene Fragen können also manipulativ verwendet werden, indem sie nur das abfragen, was man hören möchte.

Offene Fragen indes sind die klassischen W-Fragen, die zum Beispiel mit einem Warum, Weshalb, Wodurch, Womit anfangen. Sie erfordern immer eine inhaltliche Antwort und bringen dem Fragenden Informationen.

Welche Art von Fragen gibt es noch?

Die *Gegenfragen*. Sie eignen sich hervorragend, um in einer Verhandlung wieder das Steuer zu übernehmen. Zum Beispiel, wenn Ihr Gegenüber Sie mit seiner Frage in eine bestimmte Ecke drängen will. Zudem gewinnen Sie durch eine Gegenfrage Zeit und erhalten im Idealfall sogar noch zusätzliche Informationen.

Durch *Alternativfragen* (»möchten Sie ... oder lieber ...«) können Sie den Verhandlungspartner zwischen zwei Alternativen wählen lassen. Dadurch bekommt der Gefragte zum einen das Gefühl, die Zügel in der Hand zu halten und derjenige zu sein, der die Entscheidung getroffen hat. Zum anderen stehen Sie als ein sehr kompromissbereiter Verhandlungspartner da. Dabei haben Sie hoffentlich vorab zwei Möglichkeiten ausgeklügelt, die beide für Sie von Vorteil sind. Doch das muss der andere ja nicht wissen.

Suggestivfragen eignen sich hervorragend, um seinen Gesprächspartner zu manipulieren und dorthin zu lenken, wo man ihn haben möchte.

Das konnte ich feststellen, als ich mit meiner ehemaligen Frau in Istanbul mit dem Taxi unterwegs war. Im Hotel hatte man uns eingebläut, dabei auf zwei Dinge zu achten. Erstens, dass das Taxameter eingeschaltet ist. Und zweitens, dass es auf dayfare, dem Tagestarif, steht, weil der Nachttarif dreimal teurer ist.

Also habe ich beim Einsteigen einen besonders strengen Blick aufgesetzt und laut und deutlich erst »Taxameter« und dann »dayfare!« gesagt. Woraufhin der Taxifahrer sofort beides entsprechend aktiviert hat. Wir wussten, dass die Fahrt von der Innenstadt zum Taksimplatz ungefähr 15 Euro kosten sollte, und waren bereits bei 12,50 Euro angelangt, als der Taxifahrer in den Rückspiegel schaute und mich unvermittelt fragte: »Are you married?« (Eigentlich naheliegend.)

Ohne den Blick vom Taxameter zu nehmen, antwortete ich: »Yes!«

Er fragte weiter: »Do you love your wife?« (Was soll ich

da im Beisein meiner Frau schon anderes außer »Yes« antworten?)

Ich schwöre Ihnen, ich habe meine Augen nur für eine Sekunde von dem Taxameter abgewandt, um meine Frau anzusehen und noch einmal »Yes« zu antworten. Aber als ich es wieder in den Blick nahm, was glauben Sie, auf welchen Betrag es gesprungen war? Auf fünfundvierzig Euro! Unfassbar! Der Taxifahrer musste die eine Sekunde der Unaufmerksamkeit genutzt haben, um die Zahl auf der Anzeige zu verdreifachen. Der Hund!

Ich schrie Zeter und Mordio. Allein, es half nichts. Der Taxifahrer hatte gewonnen. Er hatte mich mit seiner Frage für eine Sekunde auf die Mikro-Ebene gebracht und während ich dort verweilte, den einen entscheidenden Punkt gemacht. Das musste ich zähneknirschend so akzeptieren.

Damit sind wir auch schon bei unserer nächsten Kategorie: der *rhetorischen Frage*. Sie dient primär dazu, die Aufmerksamkeit unseres Gegenübers auf einen Punkt zu lenken, der uns wichtig ist. Denn diese Frage beantwortet sich eigentlich von selbst. Sie müssen allerdings auch bei dieser Fragetechnik sehr vorsichtig sein, denn es besteht die Gefahr, dass Ihr Gegenüber sie erkennt und gegensteuert. Der Klassiker des Telefonmarketings zum Beispiel ist, das Gespräch mit der Frage einzuleiten: »Möchten Sie Steuern sparen?« Wer will das nicht? Und schon sind Sie mitten im Verkaufsgespräch. Es sei denn, meine Mutter ist am Apparat. Die kontert nämlich immer: »Nein, irgendeiner muss ja die Steuern für den Bau der Straßen bezahlen!« Deshalb mein Rat: Passen Sie auf, dass der Schuss nicht nach hinten losgeht.

Eine sehr wichtige Frage ist die *Bedarfsfrage*. Mit ihr erkundigen Sie sich nach den Wünschen und Zielen Ihres Verhandlungspartners. Etwas, das wir in der Regel viel zu selten tun, da wir meist nur damit beschäftigt sind, unsere eigenen Ziele im Auge zu behalten und durchzusetzen. Doch wenn Sie wissen, wohin die Reise Ihres Gegenübers gehen soll, können Sie viel fokussierter agieren. Erkundigen Sie sich bei Ihrem Gesprächspartner deshalb danach, was er sich von der Verhandlung verspricht.

Ein ganz simples Beispiel: Sie wollen in Ihrem Garten ein Biotop anlegen und brauchen dafür eine entsprechende Hose. Sie gehen in einen Laden und sagen: »Ich hätte gern eine Hose.« Der Verkäufer legt Ihnen eine Stoffhose vor – für Ihren Zweck vollkommen ungeeignet. Sie verlassen den Laden daher, ohne einen Kauf getätigt zu haben. Am nächsten Tag kommen Sie wieder: »Ich hätte gern eine grüne Hose.« Der Verkäufer sagt mit Bedauern: »Haben wir nicht.« Wieder verlassen Sie den Laden erfolglos. Beim dritten Besuch läuft das Gespräch wie folgt: »Ich brauche eine Hose.« Der Verkäufer fragt: »Wofür benötigen Sie sie denn?« »Für die Gartenarbeit.« »Welche Art von Gartenarbeit ist das denn?« »Ich möchte ein Biotop anlegen.« »Soll die Hose gummiert sein?« »Das wäre sehr nützlich!« »Und an den Knien doppelt gepolstert?« Sie hocherfreut: »So etwas gibt es? Das wäre sehr angenehm.« Der Verkäufer legt Ihnen eine schwarze Hose mit allen genannten Eigenschaften vor und schließt mit den Worten ab: »So eine? Ich lege Ihnen die schon mal zur Kasse.« So funktioniert professionelles Verkaufen: detaillierte Bedarfsanalyse mittels Bedarfsfragen.

Die letzte Frage, die ich Ihnen vorstellen möchte, ist die sogenannte *Prüffrage*. Mit ihr können Sie Ihre Vermutung noch einmal gegenchecken. »Habe ich das richtig verstanden, dass gute Verhandlungsergebnisse für Ihre Einkaufsabteilung das A und O sind?« Sie können damit nicht nur überprüfen, ob Sie richtigliegen, sondern Ihrem Gesprächspartner signalisieren, dass es Ihnen wichtig ist, ihn zu verstehen – immer eine gute Voraussetzung für eine Verhandlung.

Sie sehen also, es gibt zahlreiche Möglichkeiten, durch die richtige Fragetechnik an sein Ziel zu gelangen. Lassen Sie uns kurz noch einmal zusammenfassen, was sie ausmacht und woran man sie sofort erkennt:

1. Geschlossene Fragen: Sie werden in Entscheidungsprozessen eingesetzt und können nur mit Ja oder Nein beantwortet werden.
   Beispiel: Haben Sie ...? Sind Sie ...?

2. Offene Fragen: Sie dienen der Informationsgewinnung und aktivieren den Gesprächspartner.
   Beispiel: W-Fragen.

3. Gegenfragen: Werden eingesetzt, um wieder die Initiative zu erlangen und Zeit zu gewinnen.
   Beispiel: Stellen Sie mir diese Frage, weil ...?

4. Alternativfragen: Sie geben dem Gesprächspartner eine Wahlmöglichkeit und das gute Gefühl, eine Entscheidung treffen zu können.
   Beispiel: Bevorzugen Sie dieses oder jenes?

5. Suggestivfragen: Sie versuchen, das Gegenüber im gewünschten Sinn zu beeinflussen.
Beispiel: Sind Sie nicht auch der Ansicht, dass ...

6. Rhetorische Fragen: Sie sind ein sprachliches Mittel, das dazu dient, den anderen zu beeinflussen.
Beispiel: Wer möchte denn nicht Steuern sparen?

7. Bedarfsfragen sind lösungsorientiert und lassen Sie mehr über die Ziele und Wünsche Ihres Gegenübers erfahren.
Beispiel: Was versprechen Sie sich davon, wenn Sie ...

8. Prüffragen stellen Sie, bevor Sie eine Argumentation aufbauen. So wissen Sie, ob Sie Ihren Gesprächspartner richtig verstanden haben, und zeigen ihm gleichzeitig, dass Ihnen dies wichtig ist.
Beispiel: Habe ich das richtig verstanden?

Sie sollten also, bevor Sie eine Frage stellen, sich immer überlegen, was Sie damit erreichen wollen. Denn durch die Wahl der richtigen Fragetechnik werden Sie leichter und schneller an Ihr Ziel gelangen. Fragen und Zuhören sind die Schlüssel für eine erfolgreiche Verhandlung. Viel zu häufig gehen wir mit einer vorgefertigten Meinung oder einer Vermutung, was der Gesprächspartner wollen könnte, in eine Verhandlung, anstatt ihn direkt zu fragen. Oder ihm zuzuhören.

Eines darf bei allem Fragen natürlich nicht vergessen

werden: das Antworten. Denn natürlich können Sie auch mit Ihrer Antwort sehr viel erreichen – im Positiven wie im Negativen. Wenn Sie zum Beispiel immer nur kurze und knappe Antworten auf offene Fragen geben, wird Ihr Gegenüber womöglich den Eindruck gewinnen, dass Sie sich für das Gespräch und die Verhandlung nicht wirklich interessieren. Mal unterstellt, Sie kommen einfach gern schnell auf den Punkt, sollten Sie sich daher überlegen, wie Sie diese Interpretation vermeiden. Zum Beispiel, indem Sie sich im Vorfeld ein paar Themen zurechtlegen, die zeigen, dass Sie sich sehr wohl auf eine Konversation einlassen wollen. Oder, wenn das so gar nicht Ihrem Naturell entspricht, indem Sie einen Teampartner an Ihrer Seite haben, der die Kunst des Smalltalks beherrscht. Klug ist das allemal.

Zum Abschluss der Fragetechniken noch eine Geschichte, die mein lieber Freund Hermann Scherer gern erzählt und die zeigt, dass die richtige Frage lebensrettend sein kann:

Im Wald geht das Gerücht um, dass der Bär eine Todesliste hat. Das Reh fragt ihn voller Sorge: »Bär, stimmt es, dass du eine Todesliste hast?« Der Bär antwortet mit tiefer Stimme: »Ja, und du stehst auch drauf.« Eine Woche später ist das Reh verschwunden.

Nun geht der Fuchs zum Bären und möchte ebenfalls wissen: »Bär, stimmt es, dass du eine Todesliste hast?« Der Bär antwortet wieder mit tiefer Stimme: »Ja, und du stehst auch drauf.« Eine Woche später ist auch der Fuchs verschwunden.

Nun hoppelt der Hase zum Bären und fragt: »Bär, stimmt es, dass du eine Todesliste hast?« Der Bär antwortet schon

wieder mit tiefer Stimme: »Ja, und du stehst auch drauf.«
»Könntest du mich bitte runternehmen?«, fragt darauf der
Hase. »Kein Problem«, sagt der Bär.

Sie sehen, manchmal ist das Leben so einfach – mit der
richtigen Frage.

KAPITEL VI

VERHANDELN MIT MONOPOLISTEN

In den letzten Kapiteln haben wir erfahren, wie wir eine Verhandlung gewinnen können und worauf wir im Vorfeld achten müssen: auf die Vorbereitung, die Zieldefinition, die Festlegung der Strategie und die richtige Fragestellung. Verhandlungswerkzeuge, die sowohl im Berufs- als auch im Privatleben sehr gut funktionieren, wenn wir wissen, wie und wann wir sie richtig einsetzen.

Was jedoch geschieht, wenn wir in unserer Verhandlung auf jemanden treffen, der auf das, worum es geht, quasi einen Alleinstellungsanspruch hat? Dann wird die ganze Sache um ein Vielfaches kniffeliger. Eine große Herausforderung. Doch auch die kann gemeistert werden.

Wie, das möchte ich Ihnen an der legendären Diskussion zwischen Verona Feldbusch, jetzt Pooth, und Alice Schwarzer erklären. Zwei Frauen, die unterschiedlicher nicht sein könnten und die beide in die ›Johannes B. Kerner-Show‹ eingeladen waren, um über Frauenbilder und Feminismus zu diskutieren, ein Thema, mit dem sich Frau Schwarzer seit Jahrzehnten beschäftigt. Weshalb eigentlich auch klar war, wer hier die Monopolistin ist und folglich die Diskussion dominieren wird. Glauben Sie. Doch sind Sie sich da wirklich so sicher? Wir werden es sehen ...

1. VERONA VERSUS ALICE

Gleich zu Beginn der Show kann man sehen, welche Strategie Verona gewählt hat, um zu punkten: Sie will gegenüber ihrer Rivalin, der vermeintlich bereits feststehenden Gewinnerin, Druck aufbauen. Und so schnappt sie sich den Vortritt und schreitet winkend und lächelnd als Erste die Treppe hinunter. Warum war Verona das so wichtig?

Zum einen, um zu zeigen, wer die Chefin des Abends ist, nämlich sie. Zum anderen, um mit Winken und Lächeln das Publikum auf ihre Seite zu ziehen. Ein überaus schlauer und sicherlich kein zufällig gewählter Schachzug. Denn eine Frau wie Verona, die sich selbst so erfolgreich als Produkt vermarktet, weiß genau, was sie tut. Und wann sie es tut. Johannes B. Kerner erzählt jedenfalls gleich zu Beginn, dass der Termin ja leider um zwei Wochen verschoben werden musste, weil Verona krank war.

Doch war sie das wirklich? Oder hat sie nur auf die Strategie des Ausweichens zurückgegriffen, um noch mehr Zeit für die Vorbereitung zu haben? Und vielleicht sogar drei Coaches engagiert, um sich nach allen Regeln der Kunst für diese Sendung fit machen zu lassen – indem sie sich zu allen Argumenten, die Frau Schwarzer voraussichtlich anführen wird, Gegenargumente überlegt? Oder sich gedanklich mit Pfeilen ausstattet, mit denen sie im richtigen Moment zurückschießen kann?

Wie zum Beispiel beim Thema Dieter Bohlen, das von Alice Schwarzer sehr früh ins Gespräch gebracht wird. Schließlich bietet sich der Vorwurf der häuslichen Gewalt, den Verona gegen ihn erhoben hat, für sie wunderbar an, zu einem ihrer Lieblingsthemen überzuleiten.

Doch was tut Verona? Sie steigt auf das Stichwort häusliche Gewalt überhaupt nicht ernsthaft ein, sondern versucht es so schnell wie möglich abzuwürgen, indem sie erklärt, Bohlen sei eben der absolute Vorzeigemacho, so wie Alice Schwarzer die absolute Vorzeigeemanze sei. Sie selbst nehme auch »gern die Barbie-Karte«. Das Publikum fängt sofort an zu lachen, Dieter Bohlen ist schon wieder vergessen und Verona kann auf Grund ihrer selbstironischen Haltung Sympathiepunkte auf ihrer Seite verbuchen. Sehr geschickt eingefädelt. Das verkniffene Gesicht von Alice Schwarzer lässt deutlich erkennen, dass dieser Schuss nach hinten losging.

Wie geht Verona im weiteren Gespräch vor? Sie tut das, was für einen gut erzogenen Menschen eigentlich ein absolutes No-Go ist: Sie unterbricht Alice Schwarzer permanent. Ja, das ist unhöflich, hat aber den Effekt, dass Alice Schwarzer keinen Satz zu Ende bringen und somit auch nicht tiefer in die jeweilige Debatte einsteigen kann. Weshalb versucht Verona das zu verhindern?

Weil sie ganz genau weiß, dass sobald es um Zahlen, Daten und Fakten geht, sich Frau Schwarzer natürlich viel besser auskennt als sie. Besser also, sie erst gar nicht zu Wort kommen zu lassen. Das angebliche Dummchen der Nation greift dabei auf die Taktik »Sabotage« aus der Strategie »Druck« zurück. Denn es ist ihre einzige Chance, um zu gewinnen.

Diese Taktik wird auch gern im Fußball angewandt, wenn ein großer Verein, wie zum Beispiel der FC Bayern München, auf einen kleineren Gegner wie Arminia Bielefeld trifft. Ohne Frage ist Bayern München die bessere Mannschaft, trotzdem ist Bielefeld ein Angstgegner der Bayern. Weshalb? Weil die Bayern bisher nur etwas mehr als fünfundsiebzig Prozent der Spiele gegen Bielefeld für sich entscheiden konnten – eine schlechte Bilanz bei einem Gegner, der mittlerweile in der Regionalliga spielt. Mit welcher Strategie haben die Bielefelder es geschafft, dieses Ergebnis zu erreichen? Indem sie nicht wie üblich angegriffen, sondern sich hinten aufgestellt und ihr Tor verteidigt haben. Was wäre denn geschehen, wenn Arminia versucht hätte, auf demselben Niveau wie die Bayern zu spielen? Sie hätten keine Chance gehabt. Also haben sie, genau wie Verona, sich mit ihrem Gegner nicht auf dem Terrain gemessen, auf dem er Monopolist ist, sondern den Kampf auf ein neues verlegt.

Doch zurück zu unseren beiden Frauen, Verona Feldbusch und Alice Schwarzer. Während Frau Schwarzer berichtet, dass sie einen Hundert-Stunden-Wochen-Job hat und man sich als Zuschauer fragt, wie das rein rechnerisch eigentlich möglich ist, erzählt Verona ganz nebenbei, dass sie ein SOS-Kinderdorf gegründet hat. Wie wohltätig sie doch ist. Was erreicht sie damit? Sie sammelt weiterhin beim Publikum Sympathiepunkte. Und zwar ordentlich. Gleichzeitig legt sie kleine verbale Fallen aus.

Bei all der Kritik, die ihr entgegenschlage, so sagt sie, habe sie gelernt, über den Dingen zu stehen. Wie Frau Schwarzer als Vorbild über den Menschen stehen wolle sie allerdings nicht.

Was antwortet Alice Schwarzer darauf?

»Ich stehe ganz sicher nicht über den Dingen.« Und schon ist sie in die Falle hineingetreten. Die richtige Antwort wäre gewesen: »Natürlich stehe ich nicht über den Menschen.« Doch sie hat die Botschaft von Verona, dass sie sich mit den einfachen Menschen solidarisiert, schlicht überhört. Und damit ungewollt bestätigt, dass sie anderen

Frauen gerne erklärt, wie die Welt funktioniert. Das kostet sie Sympathiepunkte, und sie spürt es. Am liebsten würde sie die Sendung verlassen, doch leider ist es eine Liveübertragung. Sie muss durchhalten.

Dieser Echtzeitfaktor ist bei Verhandlungen prinzipiell sehr heikel, weil wir durch ihn automatisch zusätzlich unter Druck geraten. Das habe ich vor einigen Jahren selbst zu spüren bekommen, als ich für meine Tochter bei eBay einen Schrank ersteigern wollte, in dem sie Puppenkleidung unterbringen konnte. Tatsächlich fanden wir einen kleinen roten Kleiderschrank aus Holz, der sich perfekt dafür eignete. Das Gebot lag bei 15 Euro, die Auktion ging noch zehn Minuten. Wir starteten mit 16 Euro und waren damit bis eine Minute vor Auktionsende die Höchstbietenden. Dann jedoch ging es Schlag auf Schlag und der Preis schnellte auf fünfundzwanzig Euro hoch. Diesen Betrag hatten wir uns als Limit gesetzt. Meine Tochter, die sich auf den Schrank schon eingeschossen hatte, wurde nervös. Ich ließ mich davon anstecken und bot so lange weiter, bis mein Angebot bei dreißig Euro lag und ich das festgelegte Maximalziel bereits um fünf Euro überschritten hatte. Den Schrank bekamen wir trotzdem nicht. Meine Tochter machte ein langes Gesicht und fing sofort an zu weinen.

Wie konnte ich die Situation retten? Ich fuhr mit ihr in den Baumarkt, kaufte für zweihundert Euro die Akkusäge, die ich schon lange haben wollte, und Holz für einen Schrank. Alles in allem gab ich ungefähr 250 Euro aus. Und so wurde aus einem günstigen Puppenschrank von eBay ein teurer selbst gemachter Schrank von Papa. Dafür hatten Paula und ich ein prima Papa-Tochter-Wochenende.

Im Endeffekt war der Schrank jeden Cent wert, doch diese Geschichte verdeutlicht sehr schön, wie stark wir durch den Faktor Echtzeit unter Druck geraten und unser Ziel aus dem Auge verlieren können.

Doch kommen wir zurück zu der Fernsehshow. Welche Strategie wählt Alice Schwarzer? Sie versucht auf der sachlichen Ebene zu bleiben und ernsthaft auf Veronas Kommentare einzugehen. Ein Versuch, der zum Scheitern verurteilt ist, denn ihre Gesprächspartnerin dreht den Spieß um: »Nein, das verstehen Sie nicht, ich kann das ja noch mal langsam sagen«, kontert sie scheinbar nachsichtig. Und hat damit, ganz nebenbei, der Monopolistin des Feminismus die Rolle des Dummchens zugewiesen. Wer hätte damit gerechnet?

Und so geht es munter weiter. Vordergründig bleibt Verona freundlich und lobt Alice Schwarzers Verdienste im Kampf um die Rechte der Frauen, gleichzeitig aber vergiftet sie ihre Komplimente so geschickt, dass ihr Gegenpart stets den Kürzeren zieht. Und schließlich erweitert sie sogar noch ihre Taktik »Sabotage«, indem sie sie auch nonverbal einsetzt. Sie zieht ihre Jacke aus und präsentiert sich dem Publikum schulterfrei. Dreimal dürfen Sie raten, wer von den beiden im Folgenden mehr Aufmerksamkeit genießt.

Lassen wir es bei dieser Kurzanalyse von der Meta-Ebene aus bewenden und rekapitulieren wir noch einmal, was wir daraus lernen und auf eine Verhandlung übertragen können.

In jedem Fall die Vorbereitung. Wir können davon ausgehen, dass beide Diskussionsteilnehmerinnen die Fragen des Talkmasters im Vorfeld kannten und sich also entsprechend darauf einstellen konnten. Doch allem Anschein nach war sich Frau Schwarzer bei diesem Thema so sicher, dass sie eine gründliche Vorbereitung nicht als notwendig erachtet hat. Ein großer Fehler! Denn wer als Gewinner aus einer Talkshow beziehungsweise aus einer Verhandlung geht, hatte nicht zwangsläufig die besseren Argumente, ganz bestimmt aber die bessere Strategie und Taktik.

Das können Sie sich zunutze machen, denn in aller Regel sind Monopolisten schlecht vorbereitet. Warum ist das so? Weil sie ihre Argumente nachts um drei Uhr rückwärts im Schlaf herunterbeten können. Und selten verändern. Wozu denn auch: Sie sind ja damit erfolgreich! Und so ist ihre größte Stärke auch gleichzeitig ihre größte Schwäche: Sie machen es ihrem Gegenüber sehr einfach, sich auf die Verhandlung mit ihnen exakt einzustellen. Mit anderen Worten: Es ist nicht unmöglich, eine Verhandlung mit einem Monopolisten zu gewinnen. Sie müssen ihn nur da packen, wo er sich angreifbar macht.

2. VERHANDELN MIT BOXSTRATEGIEN

»Rumble in the Jungle« – einige von Ihnen wissen sicherlich, was damit gemeint ist: der legendäre Boxkampf zwischen Muhammad Ali und George Foreman, der 1974 in Zaire stattfand. Ein Kampf, der ganz anders endete als gedacht. Doch lassen Sie mich die Geschichte von Anfang an erzählen. Denn auch hier haben wir es wieder mit einer Verhandlung zwischen zwei Verhandlungsführern zu tun. Nichts anderes ist ein Boxkampf.

Wie war die Ausgangssituation für Muhammad Ali?

Mehr als schlecht. Nicht nur, dass er mit den sieben Jahren, die er mehr auf dem Buckel hatte als Foreman, ein Opa im Boxgeschäft war. Ihm fehlte, da er seit fünf Jahren nicht mehr geboxt hatte, auch jegliche Kondition und das notwendige Training, um überhaupt gewinnen zu können. Zudem hatte er es mit einem quasi unbesiegbaren Gegner zu tun. Einem jungen Boxer, der neun seiner letzten zehn Kämpfe gewonnen hatte.

Foremans Boxstil war der eines klassischen »Punchers«, der auf harte Schläge und das schnelle K. o. seines Gegners setzt. Ali wiederum war bekannt dafür, dass er seinen Gegner lange auf Distanz hielt, um dann im geeigneten Moment zuzuschlagen. Streng nach seinem Motto: »Schwebe wie ein Schmetterling, stich wie eine Biene.« Eine gute Strategie, die der Puncher Foreman aber ganz genau kannte.

Ali hatte seit seinem letzten Comeback im Jahr 1970 schon einige Niederlagen erlebt. Und auch die Sportpresse glaubte nicht so recht an ihn. Was könnte unter diesen Voraussetzungen sein Minimalziel gewesen sein? Zu überleben und nicht schon in der ersten Runde durch ein K. o. auszuscheiden. Und sein Maximalziel? Durch einen Trick, einen »lucky punch«, den Kampf doch zu gewinnen. Ein sehr hoch gestecktes Ziel. Aber warum sollte er es nicht ins Auge fassen?

Welche der vier beschriebenen Strategien wählte Ali für sein Vorgehen aus? Die Strategie Partnerschaft ist aus nachvollziehbaren Gründen für den Boxsport prinzipiell ungeeignet. Auch das Ausweichen ist keine gute Wahl. Und Nachgeben erst recht nicht. Das wollte Ali bestimmt nicht. Bleibt die Strategie Druck. Schauen wir uns also an, wie Ali sich auf den Kampf vorbereitete.

Während der vielen Pressekonferenzen, die er im Vorfeld gab, betonte er immer wieder, dass es für ihn keinen Grund gäbe, vor George Foreman Angst zu haben. Wo er doch erst letzte Woche »einen Felsen umgebracht, einen Stein verletzt und einen Ziegel ins Krankenhaus geschickt« habe und so gemein sei, dass er selbst Medizin krankmache. Sprüche, die verstecken sollten, dass er eigentlich die Hosen gestrichen voll hatte. Und die durchaus, auch bei George Foreman, ihre Wirkung taten.

Was machte er dann? Ali kommunizierte in der Öffentlichkeit, wie er taktisch gegen Foreman vorgehen wolle. Er würde tänzeln, tänzeln, tänzeln, um dann, wenn er genug Druck aufgebaut habe, knallhart zuzuschlagen. Im ersten Moment erscheint es sehr ungeschickt, dies zu verraten. Denn wenn man weiß, welche Strategie und Taktik der Gegner wählt, kann man sich ja bestens darauf vorbereiten. Und genau das tat Foreman natürlich auch. Er arbeitete vor allem daran, wie man einen tänzelnden Gegner in die Ecke drängen kann. Das war es, was Ali wollte. Doch woran arbeitete er in Wirklichkeit?

Nicht etwa an seinen Stärken, dem Tänzeln und dem Schlagen, sondern an seiner Schwäche: dem Einstecken von Schlägen. Ohne Unterlass ließ er sich während des Trainings von seinem Sparringspartner in die Ecke drängen und Salven an Schlägen auf sich einprasseln. Er führte Foreman also auf eine falsche Fährte und schaffte es so, dass dieser sich *falsch* vorbereitete. Denn Ali hatte sich in Wahrheit nicht für die Strategie Druck, sondern für die Strategie Einstecken/Nachgeben entschieden. Das konnte Foreman natürlich nicht wissen. Und da diese Strategie eine sehr ungewöhnliche Wahl für einen Boxkampf ist, ahnte er es noch nicht einmal. Doch Ali beließ es nicht bei dieser Finte. Er versuchte ebenso wie Verona Feldbusch in unserem vorherigen Beispiel das Publikum auf seine Seite zu ziehen. Und das machte er sehr raffiniert. Jeden Auftritt in der Öffentlichkeit nutzte er dazu, um mit der Bevölkerung von Zaire seinen Schlachtruf einzuüben: »Ali, boma ye!« – Ali, töte ihn. Eine klare Kampfansage! Warum tat er das? Weil er wusste, dass sie ihn mit diesem Schlachtruf anfeuern und ihm so zu einer Extraportion Adrenalin verhelfen würden.

Foreman verscherzte es sich indes nicht nur mit der Bevölkerung, weil er immer mit einem deutschen Schäferhund, dem Symbol der früheren belgischen Besatzer, auftrat. Nein, er betonte auch noch, dass ein Schlachtruf zu ihm nicht passen würde. Ihm wäre es lieber, wenn die Öffentlichkeit darüber berichten würde, dass er ein guter Mensch sei und dass es ihm das Gastland Afrika sehr angetan habe. Damit beging Foreman einen Fehler, den viele Monopolisten begehen: Er dachte, es käme nur auf seine schlagkräftigen Argumente an und nicht auf die äußeren Umstände. Was für ein Irrtum!

Doch kommen wir zur Ausgangssituation zurück: Beide Boxer hatten sich also vollkommen unterschiedlich auf den Kampf vorbereitet: Ali, indem er seinen Gegner auf eine falsche Fährte führte und sich die Unterstützung des Publikums sicherte. Forman, indem er nur reagierte – sowohl auf Alis vermeintliche Strategie als auch auf dessen öffentliche Auftritte. Eine eigene Strategie entwickelte er nicht. Er vertraute darauf, dass er sowieso gewinnen würde.

Wie es ihm damit in dem Kampf erging, das wollen wir uns nun im Weiteren ansehen. Aber so viel kann ich allen, die den Ausgang dieses berühmten Kampfes nicht kennen, schon mal verraten: Es wird eine Überraschung!

Am 30. Oktober 1974 war es dann so weit: Muhammad Ali trat den lange erwarteten Kampf gegen George Foreman an. Ein Großereignis für den afrikanischen Kontinent, wo bis dahin noch kein ähnlich bedeutendes Sportereignis stattgefunden hatte. Und alle Reporter, Boxfans und Kenner waren natürlich gespannt, welcher der beiden Giganten schlussendlich den Kampf für sich entscheiden würde.

In der ersten Runde des Kampfes tänzelte Ali, wie Foreman es erwartet hatte, um ihn herum und versuchte in einem günstigen Moment, ordentlich zuzuschlagen. Doch nicht etwa mit seiner stärkeren Schlaghand, die bei ihm die linke war, sondern mit seiner schwächeren rechten Führhand. Dieser sogenannte »right-hand-leave« gilt als Anfängerschlag und wird von Profis nur selten ausgeführt. Das muss Foreman, der amtierende Weltmeister, als eine Riesenbeleidigung empfunden haben. Etwa alle zwanzig Sekunden fing er sich diesen Schlag ein. Er kochte vor Wut! Doch was passiert, wenn ein Boxer mit Wut boxt? Die Wucht der Schläge nimmt zwar zu, aber die Präzision nimmt ab. Die Schläge werden ungenauer und verfehlen immer öfter ihr Ziel. In diesem Fall Alis Kopf. Das Risiko, von Foreman getroffen zu werden, wurde für Ali entsprechend kleiner.

Nun haben Boxer nach jeder Runde die Gelegenheit, in die Ecke zu gehen, um sich dort mit ihrem Coach, ihrer Meta-Ebene, abzusprechen. Bei Foreman waren es gleich drei Coaches, die auf ihn einsprachen und ihm sicherlich Anweisungen gaben, wie er mit Alis »right-hand-leave« umgehen sollte. Foreman war auf der Mikro-Ebene, andere dachten für ihn. Er war reiner Empfänger von Verhaltensregeln.

Was tat Ali zur selben Zeit in seiner Ecke des Ringes? Er

stand alleine da, ließ den bisherigen Kampf Revue passieren. Er war ein sehr erfahrener und kluger Boxer. Und selbst auf der Meta-Ebene. Wie war der Kampf bisher in Runde eins für Ali gelaufen? Sehr gut! Konnte er mit seiner Strategie und Taktik fortfahren? Wohl kaum, denn der Überraschungseffekt war ja weg! Also wechselte er zu der Strategie, die er ja schon eingeübt hatte: einzustecken. Er wusste, dass das ganz schön schmerzhaft werden würde. Was tat er also? Er sagte sich: Du schaffst das, du kannst das! Selbstmotivation! Gleichzeitig riss er seine Faust hoch und schrie:»Ali, boma ye!« Und 100 000 Zuschauer schrien zurück:»Ali, boma ye! Ali, töte ihn!« Konnte es einen größeren Ansporn geben, um die bevorstehenden Schläge durchzustehen?

Ab der zweiten Runde geschah genau das, worauf sich Ali im Training bereits programmiert hatte: Er wurde von Foreman regelrecht vermöbelt. Welches Ziel verfolgte Muhammad Ali damit? Er wollte Foreman ermüden. Welches Ziel verfolgte er damit nicht? Ihn k. o. zu schlagen. Er hatte sich somit ein Zwischenziel gesteckt und seine Strategie ging auf: Foreman gab in den darauffolgenden Runden alles. Und prügelte wie ein Wilder auf Ali ein.

Wie lief der Kampf zu diesem Zeitpunkt für Foreman? Wie geplant. Wie lief der Kampf für Ali? Ebenfalls wie geplant! Mit dem kleinen, aber feinen Unterschied, dass Ali den Meta-Plan hatte, von dem sein Gegner nichts wusste.

Ali stachelte Foreman immer weiter an und redete unentwegt auf ihn ein:»George, du schlägst nicht hart genug«,»Du knackst doch kein Popcorn hier«,»George, ist das alles? Du enttäuschst mich!«, flüsterte er ihm ins Ohr. Warum tat er das? Solche Provokationen ließen Foreman doch nur noch härter zuschlagen. Und genau das wollte Ali auch erreichen. Weshalb? Um ihn noch schneller zu ermüden und an seine Grenzen zu bringen.

Tatsächlich kann man in der fünften Runde deutlich sehen, dass keine Wucht mehr hinter seinen Schlägen ist. Welchen Fehler hat er begangen? Er war sich allzu sicher, dass er Ali mit seinen üblichen Waffen besiegen kann. Zudem hatte er für den Fall der Fälle keine Alternativstrategie in der Hinterhand. Ein typischer Fehler, den Monopolisten begehen, weil sie unterstellen, dass sie die Verhandlung sowieso für sich entscheiden können.

Am Ende der fünften Runde kam Ali aus den Seilen heraus und schlug mit seiner Rechten gegen Foremans Kopf. Wieder und wieder. Und allen wurde von einer Sekunde auf die andere klar: Das war die Strategie. Vielleicht hat das auch Foreman in diesem Moment erkannt. Doch es war zu spät, um noch etwas daran zu ändern. Er war am Ende seiner Kräfte. In der Verhandlungssprache nennt man diesen Punkt den »Point of no return«, weil es von da an so gut wie unmöglich ist, aus einer Situation noch herauszufinden.

Machen wir es kurz: Ali hat geschafft, was keiner zuvor für möglich gehalten hätte: Er besiegte den Monopolisten George Foreman und wurde mit zweiunddreißig Jahren wieder Weltmeister, weil er zwar der schwächere, dafür aber der clevere Boxer war. Und seine Strategie und Taktik sich schlussendlich durchgesetzt haben.

Sie sehen also, dass es durchaus möglich ist, einen Monopolisten in der Verhandlung zu übertrumpfen – wenn Sie sich akribisch darauf vorbereiten. Sowohl Ali als auch Verona hatten im Vorfeld eigentlich keine Chance. Aber wie heißt es so schön: Du hast keine Chance – nutze sie!

KAPITEL VII

DAS WORST-CASE-SZENARIO

Natürlich gibt es auch immer wieder Verhandlungen, in denen all unsere Taktiken und Strategien nicht aufgehen. Doch das heißt noch lange nicht, dass wir frustriert aufgeben müssen. Denn auch für diesen Fall kann ich Ihnen eine Lösung nennen: den (symbolischen) Rettungsknopf.

Sie »drücken« ihn, indem Sie sich eine Ausrede einfallen lassen, dank derer Sie einfach mal den Raum verlassen können. So habe ich zum Beispiel einem unserer Kunden für eine wichtige Verhandlung ein Handy mitgegeben. Es war so programmiert, dass seine Sekretärin ihn auf ein ganz bestimmtes Signal hin anrufen und bitten konnte, doch dringend kurz nach draußen zu kommen. Das gab ihm die Möglichkeit, sich quasi in Sicherheit zu bringen, bevor er in irgendeiner Ecke landete, in die er nicht gedrängt werden wollte. Und wie es das Schicksal so wollte, musste er davon auch Gebrauch machen.

Wenn Sie also befürchten, dass Ihr Gegenüber Sie während der Verhandlung unter Druck setzt, überlegen Sie vorab, wie Sie den Spieß umdrehen und Ihrerseits Druck aufbauen können. Zugegebenermaßen ist das manchmal leichter gesagt als getan. Im ungünstigsten Fall haben Sie weder Ihr Minimalziel erreicht noch ist es Ihnen gelungen, den Rettungsknopf zu betätigen. Sie befinden sich also genau in der Situation, in der Sie sich niemals befinden wollten. Was tun Sie jetzt?

Zunächst einmal hoffe ich für Sie, dass Sie sich auch auf diese Situation vorbereitet haben. Denn dann werden Sie trotzdem noch souverän agieren können. Also, legen wir los ...

1. STRATEGIEWECHSEL

Nehmen wir als Beispiel die Fußballweltmeisterschaft von 1954. Deutschland galt hier als Außenseiter. Trotzdem gelang es dem Team, das erste Vorrundenspiel gegen die Türkei mit 4:1 für sich zu entscheiden. Das darauffolgende Spiel fand gegen Ungarn statt, die damals weltbeste Mannschaft. Da der deutsche Trainer Sepp Herberger wusste, dass seine Mannschaft sich gegen Ungarn schwertun würde und ein Sieg eher unwahrscheinlich wäre, tat er etwas recht Ungewöhnliches: Er ließ seine zweitbeste Mannschaft spielen. Warum? Weil er dadurch seine beste Elf für das Entscheidungsspiel gegen die Türkei schonen konnte.

Wie vorauszusehen war, verloren die Deutschen mit 8:3 haushoch gegen ihren ungarischen Gegner. Die deutsche Bevölkerung war empört. Zu Unrecht, wie sich später herausstellen sollte. Denn Sepp Herberger hatte eine sehr kluge Strategie gewählt und die Niederlage gegen Ungarn bewusst in Kauf genommen. Er wusste, dass sein Team das Folgespiel gegen die Türkei nur dann gewinnen kann, wenn es ausgeruht ist. Und genau so ist es schlussendlich auch gekommen. Doch nicht nur das. Herbergers Überlegung hatte auch zur Folge, dass im Endspiel, bei dem Deutschland erneut auf die Ungarn traf, die ungarische Mannschaft ihren Gegner auf Grund der Erfahrungen im

Vorrundenspiel massiv unterschätzte. Etwas, das immer gefährlich ist, wie wir beim Rumble in the Jungle gesehen haben. Und so erging es den Ungarn am Ende wie Foreman: Sie unterlagen im entscheidenden Moment den Außenseitern, die mit dem sogenannten Wunder von Bern Geschichte schrieben.

Ich erinnere mich noch gut, wie ich bei einem Automobilzulieferer meinen Vortrag »Verhandeln mit Boxstrategien« am Beispiel Muhammad Ali vs. George Foreman hielt. Im Anschluss kam der Einkaufsdirektor zu mir und fragte, ob ich auch Verhandlungscoaching machen würde. Sie hätten da aktuell ein schwieriges Gespräch anstehen und eigentlich keine Chance, es zu einem für sie positiven Abschluss zu bringen. Dennoch müssten sie nächste Woche in den Verhandlungsring steigen.

Da nicht viel Zeit blieb, konnte ich nur noch das Wochenende anbieten. Sie kamen zu viert inklusive Einkaufsdirektor zu mir nach Stuttgart und wir arbeiteten zwei Tage lang sehr intensiv und kreativ an Lösungen. Einer der Einkäufer hatte am Samstagvormittag mit eingezogenen Schultern und hängendem Kopf den Raum betreten. Körpersprachlich war die Sache bereits entschieden: Wir haben ja eh keine Chance! Am Sonntagnachmittag verließ derselbe Mitarbeiter Stuttgart mit aufrechtem Gang und sagte zu seinem Kollegen: »Wenn der Lieferant nicht rausfliegt, dann hat er echt Glück gehabt!« Neue Strategien und das Vertrauen, mit ihnen punkten zu können, hatten das Bild komplett geändert!

Ein weiteres sehr schönes Beispiel dafür, dass es durchaus möglich ist, in einer scheinbar ausweglosen Situation das Ruder doch noch herumzureißen, ist der sogenannte Moffet-Case. Dieser ereignete sich 1912 im Rahmen der Präsidentschaftskandidatur von Theodore Roosevelt. Um Stimmen für seine Wahl zu sammeln, reiste er quer durch die USA und hielt zahlreiche Vorträge und Reden. Sein Wahlkampfteam ließ zu diesem Zweck drei Millionen Broschüren drucken, die während der Veranstaltung an die Zuhörer verteilt werden sollten. Selbstverständlich zierte das Deckblatt ein Foto von Roosevelt, doch leider hatte keiner daran gedacht, vor dem Druck die Rechte des Fotografen, George Moffet, einzuholen. Was einer finanziellen Katastrophe gleichkam. Denn er hätte dem Team einen Dollar pro Exemplar in Rechnung stellen können und damit das Wahlkampfbudget mit Sicherheit gesprengt.

Was taten Roosevelt und sein Team, um dem zu entgehen? Sie drehten den Spieß um und gingen in die Offensive. Statt den Fotografen kleinlaut zu bitten, ihnen die Fotos doch günstig abzutreten, schickten sie ihm ein Telegramm, in dem sie ihn fragten, was er bereit sei zu bezahlen, wenn sie das Foto, das er von Roosevelt gemacht hatte, für die Kampagne verwenden würden. Immerhin, so ihr Argument, sei das doch unbezahlbare Werbung für sein Fotostudio. Und tatsächlich ging Moffet darauf ein. Er bezahlte für den Abdruck 250 Dollar an das Wahlkampfteam, das durch einen zugegebenermaßen dreisten Strategiewechsel einen Weg aus einer brenzligen Situation gefunden hatte. Mehr noch: Es stand, trotz einer sehr ungünstigen und fast aussichtslosen Ausgangssituation am Ende der Verhandlung als Sieger da.

2. PLAN B TRITT IN KRAFT

Ganz gleich, wie sicher Ihnen der Sieg in einer Verhandlung erscheint, wie gut Sie Ihren Kunden kennen, wie lange Sie schon mit ihm zusammenarbeiten oder wie viele Gläser Bier Sie mit ihm schon trinken waren: Sie sollten immer einen Plan B, die Maßnahme, die Sie ergreifen, wenn Ihr eigentlicher Plan A nicht funktioniert, in der Hinterhand haben. Denn Sie wissen niemals, ob Plan A schlussendlich aufgeht, und finden sich vielleicht plötzlich ohne Zugang zum Notausgang in einer Sackgasse wieder.

Wie kann ein Plan B nun konkret aussehen?

Ein befreundeter Händler, der hochwertige Werkzeuge in der ganzen Welt verkauft, bereitete sich auf eine schwierige Verhandlung mit einem Lieferanten vor. Der Lieferant war ein internationales Unternehmen, das in unterschiedlichen Ländern mit unterschiedlicher Preispolitik unterwegs war. Deutschland als hochpreisiges Land war in den Einkaufskonditionen deutlich teurer als beispielsweise das wirtschaftlich schwache Italien. Da mein Bekannter aber sehr viel online verkauft, gibt es für ihn bzw. seine Kunden keine regionale Differenzierung. Er muss preistechnisch rund um den Globus wettbewerbsfähig sein.

Nun standen die jährlichen Verhandlungen an und es ging um ein Volumen von mehr als zehn Millionen Euro. Um hier glaubhaft Druck auf den Lieferanten aufbauen zu können, hatte mein Bekannter sich mit einem befreundeten italienischen Marktbegleiter zusammengetan, der ihm zugesichert hatte, ihn im Notfall mit Werkzeugen aus Italien zu beliefern. Nicht zum besten italienischen Preis, aber zu einem besseren, als es der deutsche war. Mit dieser Absicherung = Plan B in der Hinterhand ging mein Bekannter nun in die Verhandlung mit dem Hersteller. Sein Minimalziel war, den im Vorfeld zugesicherten Preis zu erreichen, sein Maximalziel, denselben Preis wie in Italien. Argumente und Gegenargumente wurden ausgetauscht, Drohungen und Angebote ausgesprochen. Man verhandelte lang, am Schluss ließ sich der Lieferant auf das Minimalziel ein. Ohne Plan B hätte mein Bekannter nicht standhaft durchgehalten. Auch wenn er ihn gar nicht gebraucht hat: Allein die Sicherheit, dass es ihn gab, hat ihn stark gemacht.

Doch natürlich greifen wir auch im Privatleben immer wieder auf einen Plan B zurück. So werde ich mir für eine bestimmte Leistung von fünf Handwerkern ein Angebot geben lassen, das günstigste auswählen und den zweit- und drittbesten Anbieter damit konfrontieren. Weshalb? Weil ich sie damit unter Druck setzen und im Idealfall dazu bringen möchte, dass sie ihr Angebot nach unten korrigieren. Gleichen die beiden Anbieter ihre Angebote an, ist Plan A aufgegangen. Bleiben sie bei ihrem vorherigen Angebot, habe ich noch immer die Möglichkeit, auf Plan B, das erste Angebot, zurückzugreifen. Immer vorausgesetzt, der niedrigere Preis basiert auf einer vergleichbaren Qualität.

Wie gut eine solche Strategie funktioniert, konnte ich erst kürzlich selbst wieder feststellen, als ich einen neuen BMW leasen wollte. Im Großraum Stuttgart gibt es zwölf große BMW-Händler. Alle zwölf habe ich angerufen und gefragt, wie teuer mich mein Wunschauto käme. Woraufhin alle, weil sie natürlich selbst auch nicht unerfahren sind, mich gleich zu einem persönlichen Gespräch eingeladen haben. Eine Reaktion, die ich erwartet hatte. Ich antwortete ihnen, dass ich leider keine Zeit hätte, zu allen zwölf Händlern im Umkreis zu fahren, aber die mit den drei besten schriftlichen Angeboten gerne besuchen würde. Warum habe ich das wohl genau so formuliert? Erstens habe ich den Händlern mit diesem Satz noch einmal vor Augen geführt, dass es noch elf weitere Anbieter gibt, und damit den Druck auf sie erhöht. Zweitens habe ich sie dazu aufgefordert, mir ein schriftliches Angebot zu schicken, das ich dann nur noch in eine Excel-Tabelle eingeben musste. Nachdem ich die Händlernamen durch Ziffern ersetzt hatte, schickte ich meine Liste an alle Händler und fragte sie, ob sie das beste Angebot noch unterbieten können. Drei Tage lange habe ich Angebote gesammelt und die Liste aktualisiert, bis ich am Ende anstatt 650 Euro Leasinggebühr nur noch 320 Euro bezahlen musste. Für den gleichen Wagen. Ich habe es durch diese Strategie also geschafft, mehr als die Hälfte an Gebühren zu sparen. Sie bestand darin, dass ich einen Plan B (in diesem Fall das beste Angebot) in der Tasche hatte. So konnte ich mit dem zweitbesten Angebot verhandeln – in der Absicht, es zu einem noch attraktiveren zu machen, als es das erste war.

3. DER KLÜGERE GIBT MANCHMAL AUCH NACH

Nachgeben hat im Zusammenhang mit Verhandlungen keinen guten Ruf. Denn wenn wir sagen, dass wir in einer Verhandlung nachgegeben haben, hört es sich im ersten Moment so an, als hätten wir es nicht geschafft, unsere Ziele durchzusetzen. Sprich, als hätten wir den Kürzeren gezogen und verloren. Oder wie definiert es der Duden so schön: Nachgeben heißt, »dem Willen oder den Forderungen eines anderen nach anfänglichem Widerstand entsprechen«. Auch das hört sich nicht nach einem grandiosen Sieg an. Aber in manchen Situationen gibt es leider keine Alternative, denn wenn Sie stur auf Ihrem Standpunkt beharren, kann es geschehen, dass Sie am Ende noch schlechter dastehen.

So wie es Volkswagen 2016 bei einem Streit mit zwei Lieferanten ergangen ist. Vielleicht erinnern Sie sich noch daran, dass die Produktion der Fahrzeuge damals ins Stocken geriet, weil zwei Zulieferer sich weigerten, die notwendigen Teile zur Verfügung zu stellen. Aus deren Sicht aus gutem Grund, denn Volkswagen hatte sich den beiden gegenüber nicht regelgerecht verhalten. Eine Katastrophe für den Automobilhersteller, der sich dieser Abhängigkeit offenbar gar nicht bewusst war. Und keinen Plan B hatte. Da ein langfristiger Lieferstopp mehr gekostet hätte als die geforderte Zahlung an die Lieferanten, gab Volkswagen irgendwann nach und vermied so noch größeren Ärger.

Ein schönes Beispiel aus dem Privatleben erlebte ich beim Kauf eines Hauses: Es gehörte einem bekannten Musiker, der seine Steuerbescheide so offen in der Küche herumliegen ließ, dass ich bei der Besichtigung einen Blick darauf werfen konnte. Ich stellte fest, dass er mehr Steuern im Vierteljahr bezahlte als ich im ganzen. Geld war also hier nicht zu wenig vorhanden.

Trotzdem hielt er an dem genannten Verkaufspreis stur fest. Keine zwei Prozent Nachlass wollte er gewähren. Das fuchste mich schon sehr. ABER: Ich merkte deutlich, dass die Summe emotional motiviert war. Nicht er wollte ausziehen, sondern seine Frau. Unter diesen Umständen sollte wenigstens der Preis stimmen.

Den habe ich dann ohne weitere Verhandlung akzeptiert – sofern er bereit wäre, im Gegenzug die Kosten für ein paar Schönheitsreparaturen im Sanitärbereich zu übernehmen. Ohne mit der Wimper zu zucken, sagte er zu. Und kam mir so in Summe weit mehr als zehn Prozent entgegen. Dass ich beim Kaufpreis nachgegeben habe, hat sich also letztlich ausbezahlt.

Sich aus Trotz, Kränkung oder falschem Ehrgeiz stur zu stellen, ist jedenfalls kein Zeichen von Souveränität. Geben Sie nach, wenn Sie merken, dass Sie die Situation andernfalls nur weiter verschlechtern.

KAPITEL VIII

UMSETZUNG IN FÜNF MINUTEN

━━━━━━━━━━━━━━━ Klingt ja alles gut und sinnvoll.
Doch ganz viele Teilnehmer meiner Seminare beklagen,
dass sie im Normalfall eben meist nicht die Zeit haben,
sich so wie beschrieben im Detail vorzubereiten. Ich möchte
Ihnen daher einen kleinen 5-Minuten-Plan vorstellen, der
Ihnen für viele Verhandlungen als Orientierung dienen
kann. Er enthält alles, was bisher Thema war: Vorbereitung, Profiling, Ziele, Strategie und Taktik, Plan B, Verhandeln im Team und vieles mehr.

Zur Veranschaulichung nehme ich das Beispiel »Kauf
eines Gebrauchtwagens«. Praktischer Hintergrund: eigene
Erfahrung.

Die Ausgangsposition war folgende: Mein Vater wollte
sich einen gebrauchten BMW kaufen und hatte für sich ein
Preislimit definiert, das nicht überschritten werden sollte.
Das waren exakt 30 000 Euro. Seinen alten Wagen hatte er
bereits verkauft, so dass er keinen in Zahlung geben
musste. Übergangsweise konnte er den Wagen meiner
Mutter nutzen. Das genügte ihm völlig, denn als Rentner
war er nicht täglich auf einen Wagen angewiesen.

Der Gebrauchtwagenmarkt in Deutschland ist sehr über-
sichtlich abrufbar. Unter Plattformen wie »www.mobile.
de«, »www.autoscout24.de« oder »www. gebrauchtwagen.
de« findet man tausende von Autos aus ganz Deutschland.
Über einen Konfigurator kann man nun wie bei einem

Neuwagen genau das Auto zusammenstellen, das man gerne hätte. Mein Vater wollte einen drei Jahre alten BMW 330d mit Automatikschaltung, Anhängerkupplung und Lederausstattung. Er sollte nicht mehr als 40 000 Kilometer haben und auch ein großes Navigationsgerät war ihm wichtig. Das waren die Muss-Ausstattungsmerkmale. Dazu kamen eine Reihe von Kann-Merkmalen wie Tempomat, Schiebedach oder Felgendesign.

Als Ergebnis kamen aus unserer Recherche fünf Fahrzeuge in die nähere Auswahl. Dummerweise waren diese über ganz Deutschland verteilt, so dass wir nicht alle anschauen konnten. Wir entschieden uns für einen BMW-Händler in Bonn. Warum? Ganz einfach: Ich hatte in der kommenden Woche ein Seminar in Köln von Donnerstag bis Freitag. Unser Plan war, uns am Freitag um 17 Uhr 30 in Bonn am Bahnhof zu treffen und dann gemeinsam zum BMW-Händler zu fahren.

Wie stellt sich unsere Ausgangsposition bisher dar? Was haben Sie erfahren? Ich erläutere Ihnen jetzt Schritt für Schritt, welche Informationen welche Bedeutung haben.

Zuerst haben Sie erfahren, dass mein Vater ein bestimmtes Budget zur Verfügung hat. Er weiß also genau, wie viel Geld er ausgeben kann. Das bedeutet: Es macht ebenso wenig Sinn, bei einem Budget von 30 000 Euro nach zehn Jahre alten Autos zu schauen wie nach neuen. Das Budget dient dazu, nach realistischen Angeboten Ausschau zu halten. Dass er seinen alten Wagen bereits verkauft hatte, bedeutet, dass er nicht an den Händler gebunden ist, der ihm für die Inzahlungnahme des alten Fahrzeugs am meisten bietet. Die Verhandlungsposition ist immer deutlich besser, wenn man kein altes Fahrzeug in Zahlung geben möchte. Weiterer Vorteil: Er hat als Übergangswagen das Fahrzeug meiner Mutter. Das nimmt ihm den Zeit-druck, schnell ein Auto kaufen zu müssen. Unter Zeit-druck verschlechtert sich die Ausgangsposition nämlich deutlich. Zudem ist er als Rentner nicht beruflich darauf angewiesen.

Kommen wir zur letzten Information, die es zu bewer-ten gilt: Der Termin war Freitagabend um 17 Uhr 30. Für wen spielt hier die Zeit? Für uns. Warum? Ich war auf dem Heimweg von Köln und komme an Bonn vorbei. Mein Va-ter als Rentner hat ja sowieso Zeit (ich weiß, dass jetzt alle Rentner vehement den Kopf schütteln). Für den Verkäufer dagegen beginnt in einer halben Stunde das Wochenende. Wie sieht er seinen Freitagabend? Da kommen Vater und Sohn »extra« aus Stuttgart angereist, weil sie sich für eins seiner Autos interessieren. Sie kommen um 17 Uhr 30. Das heißt: um 18 Uhr, maximal 18 Uhr 30 ist das Auto verkauft, die Provision gesichert. Ein schöner Abschluss der Woche. Ein entspanntes Gefühl.

Was war noch zu tun?

Am Freitagmorgen druckte ich mir im Hotel noch schnell die Angebote zu den anderen vier Fahrzeugen aus und hob mit gelbem Leuchtstift alle Merkmale hervor, die uns wichtig waren. Warum? Als glaubwürdige Alternati-ven. Dass von den vier Fahrzeugen zumindest zwei günsti-ger im Preis waren als das des Händlers in Bonn, versteht sich von selbst. Ebenso hatte ich mir den Fahrplan von Bonn nach Stuttgart ausgedruckt. Der Grund dafür? Das führte ihm die stündlichen Verbindungen und damit die Möglichkeit, auch ohne Auto bequem wieder heimzukom-men, vor Augen. Wir hatten also einen »Plan B«, falls alle Stricke reißen.

Rufen wir uns noch einmal ins Gedächtnis, welche Überlegungen im Vorfeld relevant sind:

1. Ausgangssituation – Wo stehe ich?

2. Zieldefinition – Wo will ich hin?

3. Strategie und Taktik – Wie komme ich dahin?

Die Ausgangsposition haben wir gerade analysiert und definiert. Kommen wir jetzt zur Zieldefinition. Ein Ziel sollte immer wenigstens zwei Bestandteile haben: Es sollte realistisch, also umsetzbar, sein und messbar. Des Weiteren unterteilt sich ein Ziel in ein Minimal- und ein Maximalziel.

Was heißt das konkret? Mein Vater hatte ein Budget von 30 000 Euro bereitgestellt. Er war nicht bereit, mehr als diese Summe zu bezahlen. Sie war sein Minimalziel, das er im schlechtesten Fall erreichen wollte. Alles, was besser als dieses Ergebnis war, war gespartes Geld. Sein Maximalziel – also der beste Fall – für diese Verhandlung war aus den anderen Angeboten abgeleitet. Der gleiche BMW in Hamburg war bereits für 27 000 Euro zu haben, also zehn Prozent günstiger. Aber eben in Hamburg. Darüber hinaus hatte sich mein Vater weitere Ziele gesetzt: Dachträger, Winterräder, Fußmatten, neue Navigations-DVD ... Wenn wir das alles nicht kostenlos dazubekommen können, dann vielleicht wenigstens zu Einkaufskonditionen. So verliert der Händler kein Geld, wir aber sparen gehörig.

Unser Plan B – was tue ich, wenn ich mein Minimalziel nicht erreiche? – stand für uns fest: Wir würden dann eben mit dem nächsten Zug wieder nach Hause fahren. Ehrlich gesagt, statt am Freitagnachmittag auf der Autobahn im Stau zu stehen, nicht die schlechteste Alternative. Damit hatten wir unsere Ziele und unser Worst-Case-Szenario definiert – übrigens in den fünf Minuten, die wir mit dem Taxi vom Bahnhof zum BMW-Händler brauchten.

Kommen wir nun zum dritten Punkt: Strategie und Taktik – Wie erreiche ich mein Ziel? Weiter vorn war ja schon von den vier Strategien einer professionellen Verhandlungsführung die Rede, von Druck, Partnerschaft, Ausweichen und Nachgeben.

Wir waren also im Taxi auf dem Weg zum BMW-Händler und stimmten uns strategisch ab. Wenn Vater und Sohn gemeinsam aufschlagen, liegt die Taktik »good guy, bad guy« aus der Strategie »Druck« nahe. Die Frage war nur: Wer spielt was?

Angenommen, mein Vater ist der »good guy« und ich bin der »bad guy«, was passiert dann während der Verhandlung? Der Verkäufer wird sich auf meinen Vater konzentrieren. Denn er ist nicht nur der Gute, sondern auch der Budgethalter, Bedarfsträger und Entscheider. Ich dagegen bin der lästige Köter, der am Hosenbein zerrt. Der Verkäufer wird mich also ignorieren und aus der Verhandlung ausschließen.

Also andersrum: Mein Vater ist der Böse und an allem Mäkelnde, ich bin der Gute und mit allem Einverstandene. Wie soll man sich das vorstellen? Mein Vater steht da und sagt mit verschränkten Armen: »Das Auto will ich unter keinen Umständen haben!« Und ich sage zu ihm: »Aber Papa, nimm es doch. Vielleicht bekommen wir es ja günstiger.« Das wäre ziemlich skurril und von wenig Erfolg gekrönt. Daher haben wir zu einer kleinen List gegriffen: Mein Vater stellte mich als seinen Sohn vor, der zehn Jahre bei Porsche gearbeitet und folglich eine große Erfahrung mit Autos hat. Deshalb würde ich hier die Entscheidungen treffen! Das bedeutete: Ich konnte den »bad guy« spielen, war aber der Entscheider und durfte deshalb vom Verkäufer nicht ignoriert werden.

Wir standen etwa eine halbe Stunde um das Auto herum, bevor es in das Büro des Verkäufers ging, wo ich zunächst in seiner Sichtweite zwanzig Minuten telefonierte, während sich mein Vater mit den ausgelegten Katalogen beschäftigte. Nach und nach verschwanden die Kollegen: »Tschüüüüs, schönes Wochenende und bis Montag!« Das Büro des Verkäufers war mittlerweile das Einzige, in dem noch Licht brannte ... Was also war sein Ziel? Hauptsache, die gehen endlich! Den Wunsch haben wir ihm erfüllt – nachdem der Verkäufer gegen 19 Uhr 30 auf alle unsere Forderungen eingegangen war und das Auto vollgetankt hatte.

Diese strukturierte Vorgehensweise ist für geschäftliche und private Verhandlungen gleichermaßen geeignet. Natürlich wird die professionelle Vorbereitung einer geschäftlich wichtigen Verhandlung mehr als fünf Minuten Taxifahrt in Anspruch nehmen. Aber das Prinzip ist dasselbe.

KAPITEL IX

KREATIV ATMOSPHÄRE SCHAFFEN

Sie haben jetzt jede Menge über die Mikro- bzw. Meta-Ebene erfahren, über die Bedeutung der Vorbereitung, über Profiling, Strategie und Taktik und vieles mehr, am Schluss soll es nun ganz kompakt um die für eine Verhandlung wichtigsten Soft Skills gehen. Sie sind nämlich der Leim, der all die einzelnen Komponenten zusammenhält.

Beginnen wir mit dem Soft Skill Kreativität. Kreativität schlägt Kraft. Das konnte man bei Muhammad Ali deutlich sehen. Sie erinnern sich: Er wusste, dass er George Foreman konditionell und auch kräftemäßig unterlegen war, deshalb hat er sich etwas einfallen lassen, das ihn auf einer ganz anderen Ebene punkten ließ. Und hat gewonnen. Er war zwar nicht der stärkere, aber der kreativere Boxer. Dasselbe gilt für Hase-Igel-Duelle. Auch hier gewinnt nicht der Schnellere, sondern der Cleverere.

Kreativität hilft uns dabei, in Verhandlungen unsere Ausgangsposition zu verbessern. Mit ihrer Hilfe schaffen wir es, uns durchzusetzen, auch wenn wir keine echten (oder gar starken) Argumente haben. Und in Verbindung mit Emotionalität ist Kreativität eine beinahe unschlagbare Kombination.

Das zeigte sich sehr schön 2015 bei der Wahl zum neuen Präsidenten in Argentinien. Nach zwölf Jahren Peronismus unter Christina Kirchner traten zwei Kandidaten an: der von der peronistischen Partei unterstützte

Daniel Scioli und der deutlich wirtschaftsliberalere Mauricio Macri.

Die ersten drei der vorgesehenen vier TV-Duelle entschied Scioli klar für sich. So klar, dass er es für gar nicht mehr nötig hielt, auch noch das letzte zu bestreiten. Gefühlt hatte er schon gewonnen. Eine arrogante und – wie sich zeigen sollte – riskante Entscheidung, denn Macri wusste die Chance, alleine aufzutreten, sehr gut zu nutzen und holte tatsächlich auf. Das hätte niemand erwartet. Scioli zuletzt. Und so fragte er bei Macri an, ob sie nicht doch noch ein fünftes Duell abhalten könnten. Macri ließ sich darauf ein.

Beim fünften Duell standen sich nun also die zwei Kandidaten gegenüber und schlugen sich zwei Stunden lang verbal die Köpfe ein. Bis etwas Sensationelles geschah: Der Moderator bat die Ehefrauen der beiden Politiker auf die Bühne. Macris Frau kam als Erste und küsste ihren Mann leidenschaftlich auf den Mund. Scioli stand wie seine Frau fassungslos und verlegen daneben – ein Bild, das am nächsten Tag auf sämtlichen Titelblättern der Zeitungen war. Und was war das Ende vom Lied? Macri hat die Wahl gewonnen. Wenn Sie mich fragen, hatte der Kuss keinen unerheblichen Anteil an diesem Erfolg. Er brachte ein unerwartetes, verblüffendes und in jedem Fall extrem emotionales Moment in die Geschichte.

Bei meinen Vorträgen frage ich meine Zuhörer oft: »Und wann haben *Sie* das letzte Mal Ihren Verhandlungspartner ›geküsst‹?« Sprich: Wann haben Sie bei Ihrem Kunden, Lieferanten, Lebensgefährten Ihre kreative Emotionalität so deutlich gezeigt? Und damit den letzten entscheidenden Punkt gemacht?

Das muss nicht gleich wie in Argentinien das ganz große Kino sein. Es geht auch eine Nummer kleiner. Meine beste Verkäuferin hat jahrelang als Vertriebsleiterin sehr erfolgreich Logistik für einen großen deutschen Konzern verkauft. Was – außer guten Argumenten – hat ihr zu dem Erfolg verholfen? Wodurch hat sie sich vom Wettbewerb abgesetzt?

Durch kreative Liebenswürdigkeit.

Bei einem Ersttermin bei einem Kunden wird ihr in der Regel zu Beginn des Gesprächs eine Tasse Kaffee angeboten. Sie lächelt, nimmt das Angebot an, greift in ihre Handtasche und legt einen Duplo-Riegel auf den Tisch mit den Worten:»Und ich steuere die Pralinen dazu bei.« Was zeigt sich im Gesicht des Gegenübers? Ein Lächeln! Und schon ist genau die Atmosphäre geschaffen, die zu einem guten Verhandlungsergebnis führen wird.

Ein Anfang war also gemacht. Aber wie verkaufte sie die logistische Leistung ihres Unternehmens? Nicht über eine PowerPoint-Präsentation. Nicht über Bubbles, Pfeile, Kästchen. Hast du eine gesehen, kennst du alle! Todlangweilig. Wie dann?

Sie ließ ihre logistische Landschaft auf einen Spielzeugteppich übertragen, wie er in vielen Kinderzimmern liegt. Nur dass sich in ihrem Fall zwischen all den Häusern und Straßen auch das Auslieferungslager des Kunden, das Zentrallager, das Zwischenlager usw. befand. Mit diesem Teppich und einem kleinen LKW, auf dem das Kundenlogo aufgedruckt war, ging sie nun zu ihren (überwiegend männlichen) Kunden und»spielte« mit ihnen die Logistik durch. Leuchtende Augen waren ihr gewiss.

Nach dem Termin ließ sie den Teppich natürlich zurück, so dass ihn am Abend das Kind im Mann mit nach Hause nehmen konnte. Im Kinderzimmer gab es dann wieder leuchtende Augen, Papa war der Held – und die kreative Verkäuferin, die es verstanden hatte, den richtigen Nerv zu treffen, stand unsichtbar mit dabei. Und wann immer Papa nun ins Kinderzimmer kommt und die Kinder mit dem Teppich spielen sieht, denkt er an sie.

Warum ist das so? Weil eine Information ohne Emotion für unser Gehirn keine Relevanz hat. Diese Erkenntnis aus der Neurowissenschaft können wir uns zunutze machen. Wer sein Gegenüber mag, kann nicht wirklich hart verhandeln. Es entstehen mehr Spielräume, man erfährt mehr und wird schlussendlich auch das bessere Ergebnis erzielen. Ganz abgesehen davon, dass man mit jemandem, den man mag, auch viel lieber zusammenarbeitet.

Kommen wir zu einem anderen Soft Skill, dem Storytelling. Auch das beherrscht diese Verkäuferin. An einem Freitagnachmittag hatte sie einen Termin bei einem Hersteller hochwertiger Damenschuhe. Als sie auf das Werksgelände fuhr, fiel ihr Blick auf ein Schild, demzufolge die Firma im Jahre 1838 gegründet wurde. Am Empfang erfuhr sie, dass sie die fünfte und letzte Anbieterin für die Logistik der Schuhe war. Vier Mitbewerber hatten schon vor ihr präsentiert. Was bedeutete das für ihre Ausgangsposition? Nun, sie war eher bescheiden. Denn eines ist klar: Mit einer fünften Standard-Präsentation kann man nur schwer Begeisterung entfachen. Die Verkäuferin wartete vor dem Besprechungszimmer, die Tür ging auf, sie wurde hereingebeten. Die Luft in dem Raum war verbraucht, es standen noch die Kaffeetassen des Wettbewerbers auf dem Tisch und einer der drei Einkäufer sagte etwas ermattet: »Da steht der Beamer, ich mach schon mal die Vorhänge zu.«

Die Verkäuferin erkannte sofort, dass es keine gute Idee wäre, auf diesen Zug aufzuspringen, und reagierte blitzschnell. »Ich möchte Ihnen keine PowerPoint-Präsentation zeigen. Sie können die Vorhänge ruhig offen lassen«, sagte sie. Die Kunden schauten sie mit großen Augen an. »Ich möchte Ihnen lieber eine Geschichte erzählen. Ich war am Wochenende in Stuttgart mit meinem Mann im Rosensteinpark spazieren. Dort befindet sich das Rosensteinmuseum, ein prähistorisches Museum, das die Entstehungsgeschichte des Menschen darstellt. Ich konnte sehen, dass sich bereits der Neandertaler Felle um die Füße gewickelt hat, als Schutz gegen Eis und Kälte. Wenn man so möchte, eine erste Form von Schuhen. Später wurde das Rad erfunden, die Grundlage der Logistik. 1838 kam der Gründer Ihrer Firma auf die Idee, hochwertige Damenschuhe zu designen, und 1970 kam ein ebenfalls genialer Mann – mein Chef – auf die Idee, eine wiederverwertbare Logistik zu entwickeln. Und heute, meine Herren, ist der Tag, an dem Ihre hochwertigen Schuhe mit unserer genialen Logistik verbunden werden.«

Die drei Einkäufer waren sprachlos. Bis einer sagte: »Sie haben genau verstanden, worum es geht.« Natürlich lieferte sie danach noch Zahlen, Daten und Fakten, verkauft hatte sie aber über eine kreative Geschichte. Und so den Auftrag bekommen, ganz ohne Präsentation.

Immer noch nicht überzeugt? Dann lesen Sie mal, wie mein Freund Andi, ein Maler, ein Bild verkauft. Und eins wiederum auch nicht.

Für eine Vernissage hatte Andi in einer kleinen Scheune zwölf Bilder aufgehängt und sehr schön illuminiert. Für Getränke und Häppchen für die geladenen Gäste war gesorgt. Bald schon standen fünf Interessenten um ein Bild herum und fragten:»Andi, was war denn, als du dieses Bild gemalt hast?« Und Andi antwortete mit dramatischem Blick:»Da war diese Frau und der Schmerz und der Rotwein. Und ich habe die ganze Nacht wie besessen gemalt. Das ist das Ergebnis.« Die fünf Interessenten überboten sich, jeder wollte das Bild haben.

Das Bild daneben war nicht schlechter als das erste. Wieder die erwartungsvolle Frage:»Und was war hier?« Andi antwortete recht nüchtern:»Da hab ich mit verschiedenen Ebenen experimentiert.« Das Bild hängt noch heute in der Scheune. Warum hat es keiner gekauft? Weil die Geschichte, die Emotionen darum herum gefehlt haben!

Selbst mein Chemielehrer in der 7. Klasse wusste um die Macht von Emotionen. Ich erinnere mich noch ganz genau, wie wir Schüler im Chemiesaal gespannt auf unsere erste Stunde warteten. Der Lehrer kam in einem weißen Kittel herein und ging ohne ein Wort die Stufen des Saals hinunter zu seinem Pult. Dort zog er die Sicherheitsscheibe hoch, setzte eine Sicherheitsbrille auf und begann mit verschiedenen Reagenzgläsern zu hantieren. Mal veränderte sich die Farbe, mal blubberte es, mal rauchte es leicht. Mit dem letzten Glas stieg er auf das Pult und schleuderte es in den Mülleimer. Es gab eine große Explosion mit viel Rauch. Als dieser sich verzogen hatte, sagte er mit erhobenem Zeigefinger:»Das, liebe Kinder, ist Chemie!« Ich war restlos begeistert! Für die nächsten zwei Wochen war Chemie mein absolutes Lieblingsfach. Bis ich begriff, dass es in Chemie auch noch um anderes geht ... Aber er hatte sein Fach »verkauft«. Er hatte bei uns Bilder im Kopf entstehen lassen. Wie kreativ. Wie genial.

Emotionalität, Kreativität, Storytelling, Anschaulichkeit: All das trägt zu einer Atmosphäre bei, in der man sich wohlfühlt, ja, in der die Verhandlung, um die es eigentlich geht, in den Hintergrund rückt. Etwas Besseres kann Ihnen nicht passieren, daher sollten Sie diese Chance auch unbedingt nutzen.

Genau das tun wir in unserer Frieder Gamm Group. Ich erinnere mich, wie vor acht Jahren der Geschäftsführer einer großen Supermarktkette mit der Bitte um ein Treffen zur Besprechung möglicher Seminare auf mich zukam. Da er nicht weit entfernt von unserem Büro wohnte, schlug er ein nahe gelegenes Café vor. Leider konnte er den vereinbarten Termin kurzfristig nicht wahrnehmen, und bei dem von ihm vorgeschlagenen Ersatztermin hätte wiederum ich passen müssen, weil ich an diesem Freitagnachmittag für unsere damals zweijährige Tochter Paula zuständig war. Ich schlug dem Geschäftsführer also vor, das Gespräch zu mir nach Hause zu verlegen. Paula würde um diese Uhrzeit schlafen und uns bestimmt nicht stören.

Gesagt, getan. Wir hatten ein Haus mit einer wunderschönen Terrasse mit Blick über halb Bietigheim. Und eine offene Wohnküche mit viel Charme. Nachdem ich uns dort während eines Smalltalks einen Cappuccino zubereitet hatte, setzten wir uns mit dem Kaffee bei schönstem Wetter nach draußen. Es war der perfekte Rahmen für ein perfektes Gespräch. Noch heute zählt dieser Geschäftsführer zu unseren treuesten und liebsten Kunden. Und wird es wohl auch bleiben.

Aber auch in unserem Stuttgarter Büro haben wir ein Ambiente geschaffen, das für eine gute Grundstimmung sorgt: An der Wand hängt ein Trikot von Neven Subotic, dem ehemaligen Innenverteidiger von Borussia Dortmund.

In meinem Büro steht eine alte Harley Davidson von 1948, ersteigert bei eBay aus einem Stall in Ohio/USA. Und in unserer netten kleinen Lounge gibt es ein paar Gitarren. Drei sehr kurzweiligen Gesprächen – über Fußball, Fahrzeuge und Musik – steht nichts im Wege. Da ist auf alle Fälle für jeden etwas dabei.

Und genau darum geht es. In einer Verhandlung muss sich Ihr Gegenüber in seinem Innersten angesprochen fühlen. Auch wenn man nicht immer im Vorhinein sagen kann, ob man »trifft« – versuchen sollten Sie es.

Auch ich bin einmal während eines Businesslunchs dieses Risiko eingegangen. Kurz zuvor hatte ich eher aus Zufall eine Frau kennengelernt, die bereits verschiedene spirituelle Wege eingeschlagen hatte, um zu innerer Balance zu finden. Obwohl das eigentlich gar nicht meine Welt ist und ich mich bis zu diesem Zeitpunkt noch nicht damit befasst hatte, gelang es ihr, mein Interesse zu wecken. Sollte ich meinem potenziellen Kunden davon erzählen?

Vorsichtig begann ich, behielt aber meinen Gesprächspartner immer im Blick, um an seiner Reaktion ablesen zu können, ob er »mitgeht« oder gedanklich aussteigt. Plötzlich unterbrach er mich und erzählte, dass er vor zwei Jahren eine große persönliche Krise gehabt und durch Meditation Zugang zum Buddhismus gefunden habe. In diesem Augenblick verlagerte sich das Gespräch auf eine ganz andere Ebene. Am Schluss sagte er: »Herr Gamm, das war ein ganz wertvolles Gespräch. Wir müssen uns unbedingt wieder treffen.«

Und das haben wir auch getan. Was daraus entstand, waren etliche Vorträge vor Führungskräften sowie weitere Seminare und Coachings.

Ebenfalls über die persönliche Schiene lief es bei einem Treffen mit einer Direktorin. Sie bat mich um einen Kennenlerntermin bei ihr in Karlsruhe. Sie hätte Interesse an unseren Seminaren. »Freitag passt bei mir«, war mein Angebot. »Hmmm, da hat mein Mann seinen 40. Geburtstag und ich muss noch einiges vorbereiten«, antwortete sie. Wir einigten uns auf die Folgewoche.

Als ich ankam, sagte ich zu ihr: »Frau Mayer, bevor wir jetzt über Seminare sprechen, möchte ich Sie etwas fragen. Ich werde im November ebenfalls vierzig Jahre alt und habe keine Ahnung, wie ich feiern soll. Was haben Sie bei Ihrem Mann denn gemacht?«

Sie lachte und wir unterhielten uns bestimmt die Hälfte der anberaumten Zeit über den 40. ihres Mannes. Irgendwann schaute sie auf die Uhr und sagte: »Ich sehe, wir haben nicht mehr viel Zeit. Ich würde das Seminar gerne mit Ihnen machen. Wie könnte es konkret ablaufen?«

Ich hatte über Smalltalk verkauft! Und nebenbei auch noch einiges zum Thema Geburtstagsfeier erfahren. Persönliches Interesse, Kreativität und Emotionen – das waren die Zutaten zum Rezept für diese »Verhandlung«.

Es macht aber auch wirklich sehr viel Spaß, Menschen mit genau diesen Zutaten abzuholen. Kommen Sie mit auf einen Ausflug in die Porsche-Produktion!

Wann immer ich in meiner Zeit als Einkäufer bei Porsche einen für mich wichtigen Verkäufer bei mir hatte, habe ich einen Grund gefunden, mit ihm kurz in die Produktion zu gehen. Sie sehen dort hunderte von »werdenden« 911ern in verschiedenen Farben und Modellen. Jeder für sich einzigartig. Und meine große Begeisterung überträgt sich auf Sie. Ich erkläre Ihnen, was an den einzelnen

Stationen abläuft, und führe Sie in Bereiche, in die Sie üblicherweise nicht kommen. Zum Abschluss betreten wir eine Halle, in der einhundertfünfzig nagelneue 911er stehen, die nur noch auf ihre Auslieferung warten. Da flüstern Sie nur noch. Und ich gehe zu einem Fahrzeug, öffne die Tür einen kleinen Spalt und frage: »Möchten Sie mal riechen? Das neue Leder?« Und Sie schweben aus der Halle und denken: »Unglaublich. Für diesen Kunden werde ich mich ins Zeug legen.«

Aber gut, ich leg noch einen drauf! In Weissach ist das Entwicklungszentrum von Porsche. Dort haben zu meiner Zeit über zweitausend Ingenieure an der Zukunft von Porsche gebaut. Und dort gibt es auch eine kleine Rennstrecke für Versuchsfahrten mit Prototypen, aber auch für den Test der Rennsportfahrzeuge. Selber auf der Teststrecke fahren – aus Versicherungsgründen nicht erlaubt. Mal bei einem Testfahrer mitfahren? Schwierig – außer man kennt jemanden, der wiederum jemanden kennt …

Nun stellen Sie sich mal vor, Sie sind Verkäufer und haben einen Termin bei Porsche in Weissach. Der Pförtner am Werkseingang schickt Sie statt auf den Besucherparkplatz zur Teststrecke. Dafür müssen Sie zwei Security-Checks passieren. Heißt für Sie was? Ich bin wichtig! Hier kommt nicht jeder durch. Als Sie ankommen, erwarte ich Sie schon. Ein 911er Turbo samt Testfahrer steht bereit. Ich gebe Ihnen einen Helm mit dem Hinweis: »Für Ihre Sicherheit.« Heißt zum einen: »Wir kümmern uns um dich.« Heißt aber auch zum andern: »Jetzt wird es gefährlich.« Was passiert in dem Moment in Ihrem Körper? Der kommende Adrenalinstoß wird vorbereitet.

Jetzt werden Sie in einen Sportsitz mit 6-Punkt-Gurt reingeschnallt, Sie können sich nicht mehr bewegen. Dann fährt der Testfahrer mit Ihnen eine lange Gerade mit 260 km/h und Sie können nicht erkennen, ob am Ende der Geraden die Kurve nach links oder nach rechts geht. Sie sehen nur ein großes Kiesbett. Er geht im Drift über alle vier Reifen in eine Linkskurve mit 220 km/h, lenkt mit einer Hand. Gleichzeitig unterhält er sich mit Ihnen. Das macht er zwei Runden so. Wenn Sie anschließend aussteigen, strahlen Sie über das ganze Gesicht. Entweder weil es sooo cool war oder schlichtweg, weil Sie es überlebt haben. Ihr Körper ist voll mit Adrenalin. Und jetzt verhandeln wir gleich mit Ihnen.

Ich hatte eine Verkäuferin aus den USA, die diese Fahrt mitgemacht hat. Ihr Ehemann hat mir zwei Wochen später eine E-Mail geschrieben: »Vielen Dank, dass meine Frau die Fahrt machen durfte. Seitdem nörgelt sie nicht mehr an meinem Fahrstil herum.« Diese Motivationsspritze hat gewirkt!

Viel von dem, was ich Ihnen hier näherbringen möchte, beruht auf dem bereits beschriebenen Prinzip der Reziprozität: Ich tu dir was Gutes, du tust mir was Gutes. In Kombination mit großen Emotionen ein unschlagbares Prinzip.

Nun ja, sagen Sie vielleicht, mit einem 911er geht so was natürlich einfach. Okay, Punkt für Sie. Aber es geht auch anders. In einem Seminar bei der Lufthansa erzählte ich den Teilnehmern, wie wir bei Porsche vorgingen. »Soll ich jetzt den Verkäufer mit einer 747 fliegen lassen?«, war die eher ironische als ernsthafte Frage eines Teilnehmers. Natürlich nicht. Ich hatte eher an Freimeilen innerhalb des Miles-&-More-Programms gedacht. Mich hätte das begeistert. »Unsere Lieferanten haben alle mindestens den Senatorstatus, weil sie so viel beruflich fliegen. Das Letzte, was sie wollen, ist in ihrer knappen Freizeit nochmal zu fliegen«, bekam ich zu hören. Hmmm. Stimmt. Was denn dann?

Mal das Cockpit eines A380 besichtigen?

Seit 9/11 nicht mehr erlaubt.

Mal die goldene Badewanne eines Scheichs in seinem Privatflugzeug anschauen?

Da stehen vier bewaffnete Wachen um das Flugzeug, damit kein Ungläubiger die Maschine betreten kann.

»Flugsimulator?«, fragte ich hoffnungsfroh.

»Keine Chance«, sagte ein Teilnehmer. Und zehn weitere nickten resigniert. Der zwölfte allerdings sagte: »Ich kenn da jemand, der kennt auch wieder jemanden. Lasst mich mal checken.« Drei Monate später im Folgetraining saß er mit einem Grinsen da und berichtete, die ersten drei Lieferanten seien schon im Simulator drin gewesen.

Das war vor acht Jahren. Heute ist es beinahe schon Standard, dass der Einkauf mit wichtigen Verhandlungspartnern in den Simulator geht. Was bringt das?

Ganz einfach. Der Einkäufer der Lufthansa ermöglicht seinem Verhandlungspartner ein Erlebnis, das er nicht für Geld kaufen kann. Und zwar ein sehr emotionales Erlebnis. Das macht Spaß! Das ist cool! Davon kann er zu Hause erzählen. Und im Gegenzug wird er sich – ohne dass eine Forderung dahintersteht – etwas Attraktives für sein Gegenüber einfallen lassen. Ihm irgendwie entgegenkommen. Reziprozität! Das ist absolut menschlich. Und es verbessert die Ausgangsposition für die nächste Verhandlung.

Nach dem ersten Seminartag lud mich der Einkaufsleiter einer Firma für Zahnarztausstattung zu einer Unternehmensbesichtigung ein. Zum Schluss ging es in einen

Showroom, in dem alle Produkte der Firma aufgebaut waren. Und ich staunte. Da stand ein großer Kasten mit integriertem Monitor. Und einem Schlauch mit einem Teil, das mich an einen Lockenwicklerstab erinnerte. »Ist das ein Lockenwickler?«, fragte ich grinsend. »Nein, das ist ein Zahnlückenscanner«, antwortete mein Gesprächspartner. »Ein was?«, fragte ich. »Ein Zahnlückenscanner. Wenn ein Patient eine Zahnlücke hat, scannt der Scanner die Umgebung und berechnet den bestmöglichen Zahnersatz.«

»So etwas gibt es?«, fragte ich ungläubig. »Machen Sie mal den Mund auf.« Und schon scannte der Verkäufer einen meiner Zähne ab. Dieser erschien auch sofort auf dem Display des Bildschirms. Er nahm einen Rohling und steckte ihn in die Maschine, Klappe zu und drei Minuten später hatte ich ein Modell meines Zahnes. »Hier, wenn Sie den echten mal verlieren sollten, haben Sie jetzt einen Ersatz«, meinte er trocken. Ich war fasziniert.

Wie unglaublich wirkungsvoll Emotionen sind, soll Ihnen ein letztes Beispiel zeigen.

Vor zwei Jahren hatte ich das Vergnügen, an einem Schauspielkurs teilzunehmen. In einer der ersten Übungen sollten wir uns eine Geschichte überlegen, mit der wir emotional verbunden waren. Fünf Minuten Zeit hatten wir dafür. Nach einigem Hin und Her fiel mir eine ein:

Im Rahmen eines gemeinsamen Projekts zwischen Porsche und Harley Davidson in Milwaukee/Wisconsin lernte ich Jay Glasgow kennen. Jay Glasgow war ein ehemaliger amerikanischer GI, der in Deutschland stationiert war. An Krebs erkrankt, lag er jetzt in Erlangen immer wieder für eine bestimmte Zeit im Krankenhaus und kam dort in Kontakt mit Kindern, die ebenfalls Krebs hatten. Beeindruckt von der Tapferkeit dieser Kinder, die ohne zu jammern und zu klagen ihr Schicksal annahmen, gründete er die Initiative »The unsong heroes« – die unbesungenen Helden.

Einmal im Jahr veranstaltete er einen Toy-Run. Dazu kamen Harleyfahrer aus ganz Deutschland und brachten Spielzeug mit. Das war ein großer Tag für die Kinder, auf den sie sich schon lange im Voraus freuten. Im zweiten Jahr ging es Jay an diesem Tag schon so schlecht, dass er in seinem Bett unter einem Sauerstoffzelt in den Hof geschoben werden musste. Es waren viele Biker da und die Kinder strahlten mit der Sonne um die Wette.

In der Folgenacht starb Jay. Er hatte alle verbleibende Kraft in »seinen« Tag gelegt. Eine Woche später gab es in der katholischen Kirche in Erlangen eine Totenfeier für Jay. Mehr als zweihundert wilde Motorradfahrer gaben ihm die letzte Ehre – mit schwarzen Lederklamotten, Tätowierungen und Sonnenbrillen. So ein Publikum hatte die Kirchengemeinde noch nie erlebt. Ganz am Schluss stand ein Rocker auf, ging nach vorne zum Sarg, packte eine Gitarre aus und sang Jay ein letztes Lied. In der Kirche war es totenstill. Jeder hatte eine Gänsehaut!

Als ich diese Geschichte bei dem Schauspielkurs erzählte, spürte ich, wie die Emotionen wieder hochkamen, mich regelrecht zu übermannen drohten. Schnell schluckte ich sie hinunter und beendete meine Geschichte.

Das Feedback des Schauspielcoaches war wie folgt: »Super Geschichte, sehr gut erzählt. Aber in dem Moment, in dem dich deine Emotionen mitreißen wollten, hast du gekniffen. Du hast sie unterdrückt. Hättest du zugelassen, dass es dich emotional mitnimmt, hätte es alle anderen auch mitgenommen.«

In diesem Moment habe ich etwas fürs Leben gelernt: Wer andere emotionalisieren möchte, muss selbst emotionalisiert sein. Das macht ihn authentisch und überzeugend. Die Geschichten, die er erzählt, müssen echt sein. Oder zumindest sehr echt wirken. Und zwar von Anbeginn bis zum Schluss. Anders funktioniert es nicht, wie ich aus eigener Erfahrung weiß:

Ich war in Berlin nach einem Seminar in der Stadt unterwegs. Und traf auf eine Gruppe von jungen Leuten mit roten Nasen und weißen Doktormänteln. Krankenhaus-Clowns, wie sich herausstellte, die jungen Patienten ein bisschen Freude und Ablenkung bringen sollten. Sie zeigten mir Bilder der kranken Kinder vor und nach dem Besuch der Clowns. Traurig und dann freudig. Eine tolle Sache!

Da ich selbst eine damals sechsjährige Tochter hatte, war ich schnell bereit, zwanzig Euro zu spenden. Leider könne er kein Bargeld annehmen, sagte der junge Mann. Kein Problem, dachte ich, dann eben per Überweisung. Leider gehe das auch nicht, nur die permanente Mitgliedschaft als Sponsor der Krankenhaus-Clowns sei möglich. Das ging mir nun zu weit. Andererseits hatten die Bilder schon ihre Wirkung hinterlassen, und so war ich doch knapp davor zu unterschreiben. Bis ich folgende Frage stellte: »Gehören Sie auch zu den Krankenhaus-Clowns?« Der junge Mann schüttelte den Kopf und antwortete: »Ne, ich mach das nur als Studentenjob.« In dem Moment war das emotionale Band zerschnitten. »Ich melde mich«, war mein letzter Kommentar und ich ging weiter. Hätte die Antwort des jungen Mannes anders gelautet – »ja klar bin ich einer von denen« –, wäre ich heute wohl Sponsor und Mitglied. Aber seine gute emotionale Geschichte hatte nicht bis zum Schluss Bestand gehabt.

So. Punkt. Ich denke, Sie haben anhand der vielen Geschichten und Beispiele sehr gut erkennen können, wie all die Inhalte der Verhandlungsführung sich in Kombination mit Kreativität und Emotionen umsetzen lassen. Wie Sie die richtige Atmosphäre schaffen können. Jetzt ist Ihre eigene Kreativität gefragt. Nur zu!

EXKURS

MEIN HERZENSPROJEKT

Wenn ich früher gefragt wurde, was die schwierigsten Verhandlungen meines Lebens seien, dann habe ich immer lächelnd gesagt: die mit meiner Tochter Paula. Zum Beispiel, wenn sie abends gegen neun noch immer in der Wohnung umherspringt und ich zu ihr sage: »Paula, langsam wird es Zeit, darüber nachzudenken, ins Bett zu gehen.« Gut möglich, dass ich sie fünfzehn Minuten später noch immer durch die Wohnung springen sehe. Frage ich sie dann, warum sie denn noch nicht bettfertig sei, lautet ihre kluge, freche Antwort: »Ich denke noch drüber nach.« Ein schwieriger, aber herzerwärmender Fall.

Leider sind Fälle dieser Art nicht mehr meine härtesten Verhandlungen. Das sind inzwischen die »Verhandlungen des Lebens«. Denn seit 2016 unterstütze ich mit meinem gleichnamigen Verein Geflüchtete bei ihren Gerichtsverhandlungen vor dem Verwaltungsgericht.

Warum trägt unser Verein diesen Namen? Weil es für die Geflüchteten bei ihren Prozessen im wahrsten Sinne des Wortes um ihr Leben geht. Weil sie auf Grund von politischer, religiöser oder ethnischer Verfolgung in ihrem Heimatland um ihr eigenes Leben und das ihrer Familie bangen müssen. Zwar bekommt dank unseres Rechtssystems jeder einen Anwalt an seine Seite gestellt. Und jeder hat auch die Chance, sich zu verteidigen und für sein Recht auf Asyl zu kämpfen. Aber wie Sie in den letzten Kapiteln gesehen haben, gewinnt eine Verhandlung leider nicht immer derjenige, der im Recht ist, sondern häufig auch der, der sich besser vorbereitet hat, sich geschickter verhält. Dafür muss er natürlich auch wissen, was ihn erwartet. Und das tun die meisten Geflüchteten nicht. Genau an diesem Punkt setzt unser Verein »Verhandlungen des Lebens e. V.« an, doch lassen Sie mich die Geschichte von Anfang an erzählen. Dann werden Sie meine Motivation noch besser verstehen.

2013 las mein Vater in der Zeitung seiner Gemeinde einen Artikel mit der Überschrift: »Kein Fahrrad für den Asylbewerber«. Darin berichtete ein Journalist über eine Frau, die in der Zeitung gelesen hatte, dass jemand zwei Fahrräder verschenken wolle. Hocherfreut hatte sie dort angerufen und erfahren, die beiden Räder seien noch da. »Großartig«, antwortete sie, »die kann ich nämlich hervorragend für meine Flüchtlinge gebrauchen.« Stille am anderen Ende der Leitung, bis nach kurzem Zögern in breitestem Schwäbisch die Auskunft kam: »Ha noi, die hema scho in gute Hände abgäbe wolle.« Also nicht an Flüchtlinge. Wie unverständlich diese abweisende Antwort für die Geflüchteten selbst war, konnte man sehr deutlich an ihrer Reaktion sehen. Ein Flüchtling sagte: »Aber ich habe doch gute Hände, sie kann mir das Fahrrad ruhig geben.«

Mein Vater, ein ehemaliger Lehrer, regte sich über diese Geschichte furchtbar auf. Weshalb es zwei Wochen später in der Zeitung einen weiteren Artikel gab, diesmal mit der Überschrift »Fünfzehn Fahrräder für die Asylbewerber gespendet«. Das erste davon war von ihm.

So kam er 2013 das erste Mal mit den Geflüchteten in Kontakt, die in seinem Heimatort untergebracht waren. Er fing an, ihnen Deutschunterricht zu geben, half ihnen dabei, sich in Deutschland zu orientieren, und ging mit ihnen natürlich auch zu den Behörden. Dabei stellte er fest, dass die Verhandlungen, die dort geführt werden müssen, nicht die einfachsten sind. Das zeigte sich zum Beispiel bei dem jungen Afghanen Khairola.

Khairolas Vater und Bruder waren in Afghanistan von den Taliban getötet worden, als er drei Jahre alt war. Woraufhin seine endlose Flucht begann. Über den Iran flohen Verwandte mit ihm zunächst in die Türkei, dann nach Italien und später nach Deutschland, wo er heute lebt. Von den dreiundzwanzig Jahren seines Lebens war er sechzehn auf der Flucht. Etwas, das wir uns noch nicht mal ansatzweise vorstellen können.

Mittlerweile hat er sehr gut Deutsch gelernt, einen Schulabschluss nachgeholt, die angebotenen Integrationskurse absolviert und sogar eine Lehrstelle als Automechaniker bekommen. Er ist also perfekt integriert und könnte eigentlich mehr als glücklich sein, wenn, ja wenn ihm nicht tagtäglich die Abschiebung drohen würde.

Während Khairolas Bleiberecht verhandelt wurde, saß ich im Zuschauerraum. Und je länger ich der Verhandlung beiwohnte, umso mehr beschlich mich das Gefühl, dass es für Khairola nicht gut aussah. Immer noch hatte ich seinen Satz in den Ohren: »Wenn ich zurück nach Afghanistan gehe, bin ich innerhalb von zwei Wochen tot.« Es ging also in diesem Moment um alles für ihn. Also sprach ich nach der Verhandlung seine Anwältin an, stellte mich vor und fragte sie, ob sie von mir vielleicht Hilfe gebrauchen könnte. Ihr Gesicht hellte sich auf und sie sagte direkt: »Aber gern. Ich habe übrigens noch sechzig weitere solcher Fälle.« Damit war der erste Stein für unseren Verein Verhandlungen des Lebens e. V. gelegt.

Denn auch wenn alle Geflüchteten einen juristischen Beistand haben, fehlt den Anwälten doch meist die Zeit, um sich auf den Fall ausreichend vorzubereiten. Zudem sind sie keine ausgewiesenen Verhandlungsprofis. Das mag bei einer Bagatelle nicht so wichtig sein. Aber bei den Geflüchteten geht es um nicht weniger als ihr Leben. Es darf nicht sein, dass sie in ihr Herkunftsland abgeschoben werden, nur weil sie aufgrund schlechter Vorbereitung die Verhandlung verloren haben. Oder weil sie nicht alle Informationen gegeben haben, die für ein fundiertes Urteil notwendig gewesen wären.

So wurde Khairola zum Beispiel von dem Richter gefragt, ob es stimme, dass er für kurze Zeit nach Afghanistan zurückgekehrt sei. Er bejahte das.

»Und«, erkundigte sich der Richter weiter, »ist dort irgendetwas Schlimmes geschehen?«

»Nein«, erwiderte Khairola.

Woraufhin der Richter schlussfolgerte, eine Abschiebung könne also auch keine lebensbedrohlichen Folgen haben. Warum wäre er sonst freiwillig in seine Heimat zurückgekehrt?

Was Khairola dem Richter allerdings nicht sagte, war, dass er die Wohnung kein einziges Mal verlassen, sondern in Angst und Schrecken hinter zugezogenen Vorhängen gelebt hat. Zu groß war die Gefahr, getötet zu werden. Was war bei der Verhandlung also falsch gelaufen?

Es wurden die falschen Fragen gestellt. Geschlossene Fragen, die nur ein Ja oder Nein erlauben, anstatt offene W-Fragen. Wodurch ein entscheidendes Detail von Khairolas Geschichte fehlte. Und genau an einem solchen Punkt schalten wir, der Verein Verhandlungen des Lebens, uns ein. Wir sorgen dafür, dass dank einer guten Vorbereitung zum Beispiel beim Erstgespräch bereits beim BAMF (Bundesamt für Migration und Flüchtlinge) auch die richtigen Fragen gestellt werden und die Geflüchteten die Chance haben, bei der alles entscheidenden Verhandlung ihres Lebens zu bestehen.

Wie existentiell das sein kann, möchte ich Ihnen am Beispiel von Saban erzählen.

1. SABANS GESCHICHTE

Saban floh im Alter von drei Jahren, mitten im Jugoslawienkrieg, mit seiner Familie nach Deutschland. Hier lebte er bis zum Alter von neunzehn Jahren, ging wie jeder andere Junge in die Schule und spielte im Dorfklub Fußball, bis seine Familie von einem auf den anderen Tag abgeschoben wurde – da es Jugoslawien zu diesem Zeitpunkt schon nicht mehr gab, nach Serbien. Wie er sich dort, nach dem ersten Erwachen gefühlt hat, möchte ich ihn selbst erzählen lassen:

»Ich wache um fünf Uhr auf. Es ist noch still draußen. Die Matratze, auf der ich liege, ist hart. Ungewohnt. Ich muss zweimal überlegen, wo ich bin. In Deutschland? In meinem Zimmer? Nein! Ich bin in Smedere, der Heimat meiner Eltern. Und ich bin Roma! Ein Zigeuner, einer, der nichts wert ist. Die Menschen um uns herum waren schmutzig, ausgehungert und sichtlich krank. Die Serben verhielten sich sehr herablassend, geradezu beleidigend, nur, weil wir Roma eine dunklere Hautfarbe haben! Diese Erfahrung machte ich jeden Tag. Ich musste viel weinen und wollte nur zurück zu meinen Freunden, zurück zu meinem Leben.«

Neun Jahre lang lebte er so in Serbien. Dank seiner Hartnäckigkeit gelang es ihm, hin und wieder einen Job zu bekommen. Er sammelte im Auftrag der Gemeindeverwaltung auf der Müllhalde Plastiktüten auf und wurde deswegen verhöhnt.

Sein Chef brachte im Sommer, bei vierzig Grad im Schatten, des Öfteren Wasser für seine Kollegen vorbei. Für alle, außer für die Roma. Und als ob das nicht schon genug der Erniedrigung wäre, spuckten die anderen, um ihnen zu zeigen, wie wenig sie wert waren, zudem noch vor die Füße. Einen Namen hatte Saban auch nicht mehr. Er hieß nur noch »Zigo«, der Zigeuner. Als Saban zu seinem Chef ging, um sich über das Verhalten seiner Kollegen zu beschweren, erwiderte dieser nur mit kaltem Blick: »Hätte Hitler noch länger gelebt, hätte er mit euch allen kurzen Prozess gemacht.« Ein Satz, der Saban wahrscheinlich sein ganzes Leben lang nicht mehr aus dem Kopf gehen wird.

Die Geschichten von Saban, und es gibt hunderte davon, handeln von ständigen Diskriminierungen. Davon, dass seine Kinder von den Ärzten nicht behandelt wurden, dass Menschen bei seinem Anblick die Straßenseite wechselten oder die Polizei ihn ungerechtfertigterweise schikanierte: »Ich fragte mich oft, was habe ich verbrochen, so behandelt zu werden? Ich beobachte Menschen, wie sie die Kinder aus unserem Viertel vor ihren Geschäften wegjagen – nicht nur mit Worten, sondern auch mit Tritten. Einfach traurig!«

Immer wieder wurden Saban und seine Familie von der Polizei belästigt, wegen angeblichen Diebstahls verhaftet und körperlich bedroht. Doch nicht nur bei der Polizei, auch auf den Ämtern, in Cafés und sogar im Krankenhaus wurden sie diskriminiert. Als Sabans Sohn Leonardo eine Woche alt war, brachten ihn seine Eltern ins Krankenhaus, weil sein Bauchnabel entzündet war. Doch keiner der Ärzte wollte sich um sie kümmern. Ganz im Gegenteil. Saban wurde als »Schwätzer« beschimpft. Also mussten die drei unverrichteter Dinge wieder nach Hause gehen.

Die Entzündung ging nicht zurück. Als das Baby kaum noch reagierte und die Brust verweigerte, brachen die drei erneut ins Krankenhaus auf. Aus lauter Verzweiflung wandte sich Sabans Frau an die Krankenschwester, die ihr bei der Entbindung geholfen hatte. Sie nahm den Kleinen sofort mit auf ihre Station. Nur wenige Minuten später war sie mit ihm im Arm wieder da und sagte den beiden, dass Leonardo sofort nach Belgrad ins Krankenhaus müsse: »Seine (Lebens-)Uhr läuft rückwärts.«

Zum Glück hat Leonardo überlebt. Er hatte eine Blutvergiftung, die schon sehr weit fortgeschritten war. Doch die finanziellen Reserven der Familie waren mittlerweile nahezu komplett aufgebraucht. In seiner Verzweiflung lieh Saban sich bei einem Kredithai viertausend Euro, um sich mit dem Verkauf von Kleidung selbständig machen. Dabei hatte er völlig ausgeblendet, dass jeden Monat fünfhundert Euro Zinsen fällig waren. Die er natürlich nicht begleichen konnte. Nach nur zwei Monaten stand Saban völlig mittellos da. Sowohl er als auch seine Familie wurden von dem Kredithai massiv unter Druck gesetzt. Aus Angst um ihrer aller Leben beschloss Saban, zurück nach Deutschland zu fliehen. Doch hier konnte er nicht bleiben, sondern musste wieder, wie es im Amtsdeutsch so perfide heißt, »freiwillig« ausreisen. In den Kosovo. Auch dort bot sich keine Perspektive für ihn, und er konnte sich mit dem Sammeln von Schrott nur mühsam über Wasser halten. Noch einmal versuchte er in Deutschland Fuß zu fassen. Und diesmal schien es zu klappen.

Saban meldete seine Kinder in dem örtlichen Kindergarten und in der Schule an. Seine Frau belegte einen Deutschkurs und Saban bekam einen Ein-Euro-Job als Landschaftsgärtner. Das Leben begann langsam wieder in geregelten Bahnen zu laufen. Doch auch hier, endlich in Sicherheit, holten ihn die Gespenster der Vergangenheit wieder ein. So sehr, dass er Selbstmordgedanken hatte und für vier Wochen stationär in eine Psychiatrie aufgenommen werden musste. Dennoch gelang es ihm nach seiner Entlassung, eine Arbeitsstelle in einem Glaswerk zu finden. Endlich brauchte er keine Sozialhilfe mehr: »Ein Lichtblick für uns alle.« Trotzdem war sein Aufenthaltsstatus und der seiner Familie noch immer ungesichert.

2. EINE VERHANDLUNG UM LEBEN UND TOD

Im Oktober 2015 wurde Saban erneut zu einer Verhandlung vorgeladen. Seine Anwältin, eine engagierte Frau, kontaktierte mich vorab, denn sie schätzte seine Chancen, eine Aufenthaltsgenehmigung zu bekommen, als sehr gering ein. »Doch irgendetwas müssen wir machen«, sagte sie, »sonst bringt Saban sich um.«

Also habe ich mich mit Hochdruck auf diese lebensentscheidende Verhandlung vorbereitet. Im Einzelnen sah das so aus, dass ich drei Tage lang auf das Verwaltungsgericht ging, um mir anzusehen, wie so eine Verhandlung abläuft und auf welche Argumente die Richter anspringen. Nur so konnte ich in Erfahrung bringen, welche Knöpfe wir drücken müssen, um sie von Sabans Geschichte zu überzeugen.

Zudem bat ich Saban, alles aufzuschreiben, was er auf seiner Flucht und an Diskriminierung in Serbien erlebt hat. Als er damit fertig war, habe ich aus all diesen Geschichten ein Buch gemacht (und, ganz nebenbei, das Buchbinden gelernt). So hatten wir schwarz auf weiß zusammengefasst, was zuvor immer nur bruchstückhaft oder aus dem Zusammenhang gerissen zur Sprache gekommen war. Dieses Buch stellte ich dem Gericht vorab zur Verfügung. Und schließlich schickte ich Saban auch noch zu einem anerkannten Psychologen. Der bestätigte uns schriftlich, dass Saban infolge seiner belastenden Erlebnisse suizidale Tendenzen hat. Wir waren also sehr gut vorbereitet.

Die Verhandlung dauerte zwei Stunden. Nach einer Stunde hatte Saban einen Nervenzusammenbruch und musste den Rest der Verhandlung im Flur verbringen. Das Entsetzen und die Hoffnungslosigkeit standen ihm ins Gesicht geschrieben. Die Richterin hatte das Buch komplett gelesen. Man konnte ihr ansehen, wie betroffen sie war. Kurz: Trotz der schwierigen Ausgangssituation hatten wir beim Hinausgehen die Hoffnung, dass sich irgendwie doch alles zum Guten wendet.

Eine Woche später kam das Urteil: Saban und seine Familie durften bleiben. Unbegrenzt. Sie können sich vorstellen, was das für ihn und seine Familie bedeutet.

Lassen Sie mich hier noch einmal zusammenfassen, was alles dazu beigetragen hat, diese scheinbar aussichtslose Verhandlung doch noch zu gewinnen. Da waren, quasi als Basis, mein grundsätzlicher Optimismus und meine Kämpfernatur – zwei sehr hilfreiche Begleiter. Des Weiteren kam mir zugute, dass ich im Gegensatz zu Saban, der vollständig auf der emotional ausgerichteten Mikro-Ebene gefangen war, mich als Außenstehender und nicht unmittelbar Betroffener problemlos auf die Meta-Ebene begeben und auf ihr bleiben konnte. Eine wichtige Voraussetzung für strategisches Handeln.

Dann ging es vom Allgemeinen zum Speziellen. Ich erarbeitete ein Profil von meinem Gesprächspartner: Auf welche Fragen muss man sich gefasst machen? Wie stellt er sie? Womit kann man punkten? Wie ihn erreichen? Vielleicht mit einer kreativen Lösung! So entstand die Idee zu dem Buch.

Und zu guter Letzt hatten wir mit dem psychologischen Attest, das Saban einen labilen Gemütszustand bescheinigte, noch ein weiteres Argument dafür in der Hand, dass Saban und seine Familie in Deutschland bleiben müssen.

Dass wir vier, Saban, seine Schwägerin, seine Anwältin und ich, ein so gutes Team waren und uns die Bälle so perfekt zugespielt haben, kam natürlich noch hinzu. Jeder hat getan, was ihm möglich war. Und so hat sich für Saban und seine Familie schlussendlich doch noch alles zum Guten gewendet.

3. DER VEREIN »VERHANDLUNGEN DES LEBENS«

In den vergangenen Jahren sind viele verfolgte und bedrohte oder auch von extremer Armut betroffene Menschen in der Hoffnung auf ein besseres, vor allem aber sicheres Leben zu uns nach Deutschland geflohen. Wir alle haben 2015 gesehen, was möglich ist, wenn wir bereit sind, unsere Fähigkeiten, unser Wissen und Können für die Integration dieser Menschen zur Verfügung zu stellen. Man kann zum Beispiel, so wie meine Eltern, geflüchteten Menschen dabei helfen, Deutsch zu lernen. Man kann mit Sachspenden dazu beitragen, dass sie mit dem Nötigsten versorgt sind. Man kann sie zu sich in den Sportverein einladen oder zu einem sonntäglichen Mittagessen. Man kann sie zum Arzt oder zu Behördengängen begleiten oder juristisch beraten. Es gibt zahlreiche Möglichkeiten, sich zu engagieren.

Ich selbst habe mich dazu entschieden, ihnen in dem Bereich zu helfen, der mir liegt und von dem ich am meisten verstehe: bei der Vorbereitung auf ihre Anhörungen beim Bundesamt für Migration und Flüchtlinge sowie beim Verhandeln. Denn wie wir wissen und nahezu täglich in der Zeitung lesen können, werden selbst bestens integrierte Asylbewerber wieder abgeschoben, wenn sie nicht hieb- und stichfest nachweisen können, dass ihnen in ihrem Herkunftsland nach dem Leben getrachtet wird. Und genau dafür habe ich den Verein »Verhandlungen des Lebens e. V.« gegründet.

Bei meiner Arbeit habe ich sehr schnell gemerkt, dass es den »einen« Flüchtling nicht gibt, sondern jeder seine eigene Geschichte hat. Und natürlich ist unter diesen Menschen, die Tragisches erlebt haben, auch der eine oder andere Betrüger. Das hält mich nicht davon ab, mich für diejenigen einzusetzen und stark zu machen, die es aus eigener Kraft nicht können. Denn keiner verlässt ohne Not seine Heimat. Und für viele geht es, wie für Saban, um Leben und Tod. Das sollten wir bei all den Diskussionen, die wir führen, auch niemals vergessen.

SCHLUSSWORT

Keine Sorge, ich werde Ihnen jetzt nicht noch einmal von vorne erzählen, wie Sie eine Verhandlung gewinnen. Denn das dürften Sie nach der Lektüre dieses Buches bereits wissen. Aber ich möchte Ihnen noch gerne etwas mit auf den Weg geben: Wir werden immer wieder mit Situationen konfrontiert, in denen wir denken, dass es keine Lösung gibt und wir uns unserem Schicksal fügen müssen. Auch Saban dachte das. Und selbst seine Anwältin hatte kaum noch Hoffnung. Doch in wie vielen Fällen gibt es wirklich keine Lösung mehr? In den wenigsten. Wir begehen meistens nur den Fehler, uns die Situation nicht genau anzusehen. Oder nicht genau genug.

Dass es exakt darum geht, ist Ihnen jetzt klar. Und wenn Sie noch mehr darüber wissen wollen, wie man Verhandlungen gewinnen kann, dann müssen Sie demnächst einfach zu einem meiner Vorträge gehen.

In diesem Sinne: bis bald!

ANHANG

DANK

Mein Dank gilt Bettina Maria Schuler für das positiv-kritische Lesen meiner Gedanken. Meiner Agentin Anja Koeseling für die wundervolle Unterstützung bei der Auswahl des richtigen Verlages. Rosemarie Mailänder vom dtv-Verlag für die unendliche Geduld mit mir bei meinen Texten und Gestaltungswünschen an das Cover. Katharina Festner für die freundliche Aufnahme in die dtv-Welt. Jackie Hardt für das Foto in der hinteren Umschlagklappe. Und für die unglaubliche Unterstützung bei der Buchkampagne. Meinem gesamten Team der FGG, das viele Aufträge an Land zieht und mir stets als Sparringspartner zur Verfügung steht.

Und zu guter Letzt natürlich meiner Tochter Paula, die mich zwingt, meine Verhandlungskünste ständig weiter zu verbessern.

WEITERFÜHRENDES MATERIAL

Gamm, Frieder: Verhandlungen gewinnt man im Kopf. Erfolgreich kommunizieren mit Neurostrategien, Redline 2009.

DVD
Gamm, Frieder: Strategien in der Verhandlung, 2 DVDs, Ein Verhandlungsseminar mit Frieder Gamm.

Gamm, Frieder: Verhandlungen gewinnt man im Kopf/ Verhandlungen mit Boxstrategien, 2 DVDs.

Website
www.friedergamm.de
www.verhandlungen-des-lebens.de

AUF EINEN BLICK

DIE MIKRO- UND DIE META-EBENE

Strategisches Verhandeln erfordert Distanz.

Bei verfahrenen Situationen empfiehlt es sich, aus der emotionalen Mikro-Ebene, auf der wir uns befinden, herauszutreten, um von der Meta-Ebene aus unser Ziel und den Weg dorthin in den Blick zu nehmen.

Konkret heißt das, die Perspektive zu verändern und das Geschehen von oben, d. h. von einer sachlichen und objektiven Ebene aus, zu betrachten.

DIE DREI GRUNDPFEILER DER VERHANDLUNG

Achtzig Prozent des Erfolges werden bereits in der Vorbereitungsphase festgelegt!

Der entscheidende Faktor in der Verhandlung ist die Verhandlungsposition: Wer hat die bessere?
Welche Interessen hat Ihr Gegenüber?

Je mehr Informationen Sie bereits vor der Verhandlung über Ihren Gesprächspartner haben, desto weniger müssen Sie im Gespräch sammeln.

Sie machen weniger Fehler und können die Schwächen der Gegenseite fast immer nutzen.

Eine optimale Vorbereitung besteht aus diesen Schritten:

SCHRITT 1 — Ermittlung der Ausgangssituation

SCHRITT 2 — Zieldefinition

SCHRITT 3 — Auswahl Strategie und Taktik

 **SCHRITT 1** **Ermittlung der Ausgangssituation**

Die fundierte Analyse der Ausgangsposition ist eine Grundvoraussetzung für erfolgreiches Verhandeln.

1. Informationen über die eigene Position
- Welches Ziel verfolge ich bei den Verhandlungen?
- Welche Alternativen gibt es? Sind diese für mich attraktiv?
- Welche Kompetenzen und Befugnisse habe ich?
- Wer will was von wem? Wer hat die bessere Position?

2. Informationen über den Gesprächspartner
- Welchen Status hat er innerhalb des Unternehmens?
- Welche Verhandlungsbefugnis und Abschlusskompetenz hat er?
- Gibt es Informationen aus der Vergangenheit bzgl. Vorgehensweise, Methoden, Verhaltensweisen?
- Persönliche Daten wie Hobbys, Familie, etc.
- Informationen über seine Firma/Organisation: Homepage, IHK, Presse, Internet, etc.

3. Informationen über die Ansichten und Positionen der Gegenseite
- Was sind die Ziele der Gegenseite? Wie abhängig ist sie von der Zielerreichung?
- An welche Fristen ist die Gegenseite gebunden?
- Weshalb verhandelt die Gegenseite überhaupt?
- Welche Argumente sind besonders stark? Wie kann ich darauf antworten?
- Gegen-Gegen-Argumente

Im Bereich Zieldefinition gilt es folgende Fragen zu beantworten:

- Welche unterschiedlichen Ziele verfolge ich? Wie kann ich sie bündeln?
- Was muss ich mindestens erreichen (Minimalziel)?
- Womit kann ich maximal rechnen (Maximalziel)?
- Wann steige ich aus der Verhandlung aus? (Worst Case)
- Welche Alternativen habe ich zur laufenden Verhandlung?
- Was ist das mögliche Verhandlungsziel der Gegenseite?
- Wo liegt das Minimalziel (Ausstiegszeitpunkt) der Gegenseite?

Ziele müssen SMART sein:

Spezifisch

Messbar

Attraktiv

Realistisch

Terminiert, bis zu einem bestimmten Termin zu erreichen

SCHRITT 3 ▸ Auswahl Strategie und Taktik

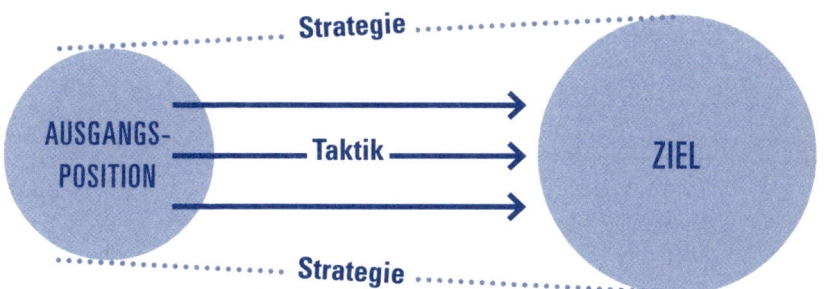

Der Weg ist das Ziel:

Ausgangsposition	Wo starte ich?
Strategie	Leitlinie für das Vorgehen in der Verhandlung
Taktik	Umsetzung der Strategie, Maßnahmen

DIE STRATEGIEN

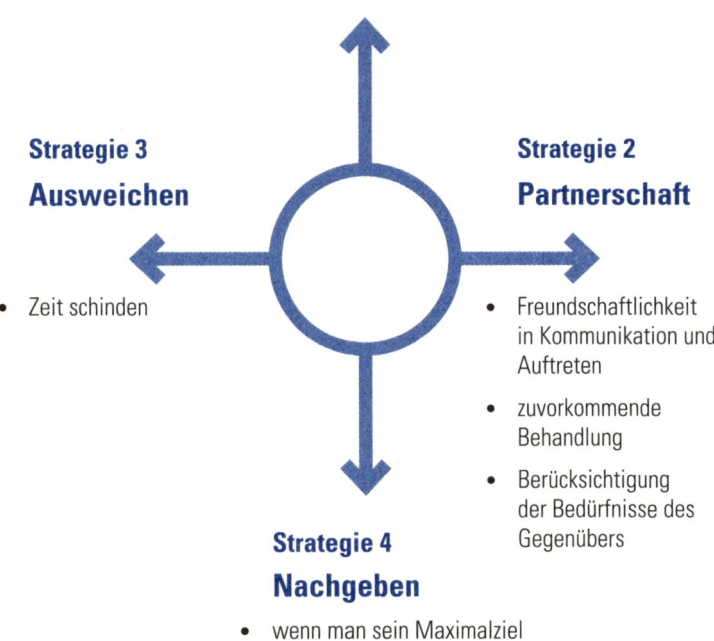

Strategie 1

Druck aufbauen

- aggressives Auftreten
- zeitliches Limit setzen
- Konkurrenzsituation herstellen

Strategie 3

Ausweichen

- Zeit schinden

Strategie 2

Partnerschaft

- Freundschaftlichkeit in Kommunikation und Auftreten
- zuvorkommende Behandlung
- Berücksichtigung der Bedürfnisse des Gegenübers

Strategie 4

Nachgeben

- wenn man sein Maximalziel schon erreicht hat
- wenn das Nichtnachgeben schlimmere Konsequenzen als das Nachgeben hat

DAS DISG-MODELL

So können Sie die Persönlichkeitsstruktur Ihres Verhandlungspartners anhand des DISG-Modells bestimmen:

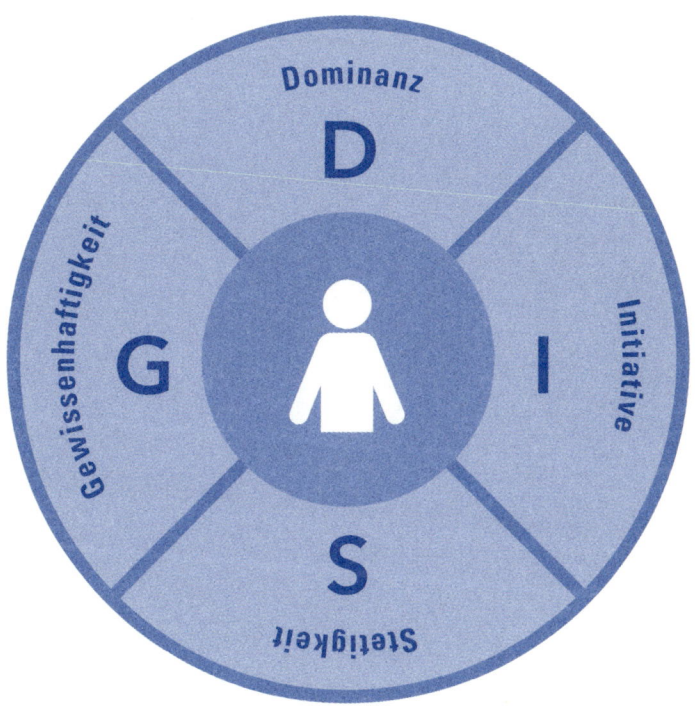

FRAGETECHNIKEN

Ein wichtiges Werkzeug in Verhandlungen

Ziel der angewandten Fragetechnik ist es, einen Dialog zu beginnen bzw. zu vertiefen und ggf. den Gesprächspartner dabei rhetorisch zu lenken.

Es gibt:

- geschlossene Fragen
- offene Fragen
- Gegenfragen
- Alternativfragen
- Suggestivfragen
- rhetorische Fragen
- Bedarfsfragen
- Prüffragen

Wer fragt, der ...

- erhält wichtige Informationen
- erfährt die Ziele des anderen
- führt einen Dialog
- zeigt Interesse
- aktiviert den Partner
- gewinnt Zeit zum Nachdenken
- lernt dazu
- erfährt Meinungen – auch Meinungsunterschiede
- stellt Weichen im Gespräch
- lernt den Geschäftspartner kennen
- steuert aktiv das Gespräch
- spricht nicht von sich

Wichtig schon in der Vorbereitung: sich immer auf den Worst Case einstellen und sich sowohl eine zweite Strategie als auch einen Plan B zurechtlegen.

Die drei Möglichkeiten der Reaktion:

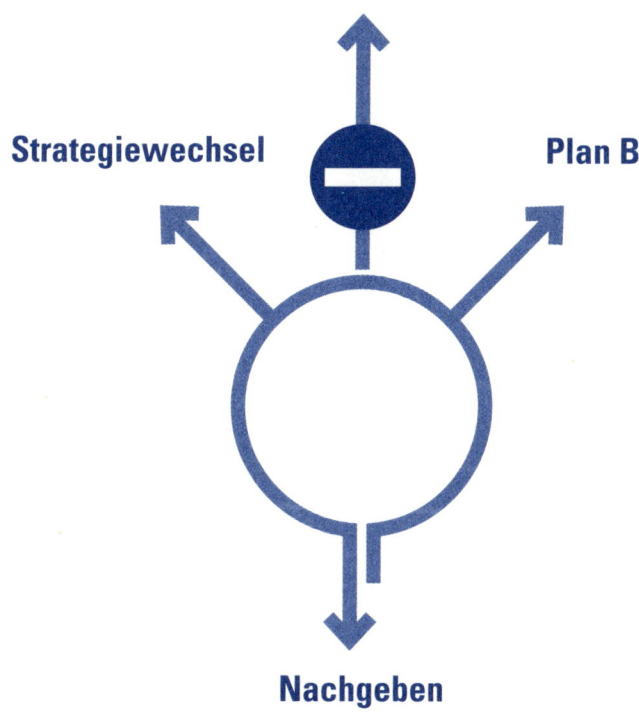

Strategiewechsel

Plan B

Nachgeben

VERHANDLUNGEN DES LEBENS

Der Verein »Verhandlungen des Lebens e.V.« setzt sich für Flüchtlinge ein, die vor dem Verwaltungsgericht antreten müssen, um ihr Recht auf Bleiben in Deutschland durchsetzen zu können. Wir unterstützen sie in der Wahrnehmung ihrer Rechte und Chancen. Ein Team von erfahrenen Verhandlungsexperten und Anwälten bereitet die Flüchtlinge auf die anstehenden Verhandlungen optimal vor.

Natürlich helfen Spenden, unsere Arbeit für die Flüchtlinge besser und schneller machen zu können.

Wir setzen die Spenden zu 100 Prozent für den Nutzen der Flüchtlinge ein. Sie werden für Anwaltskosten und alle sonstigen Kosten verwendet, die den Flüchtlingen helfen, sich schnell in Deutschland zu integrieren.

www.friedergamm.de/verhandlungen-des-lebens-verein

»DIESE BÜCHER WERDEN IHR DENKEN VERÄNDERN.«

Prof. Dan Goldstein,
London Business School

ERFOLGSSTRATEGIEN, INSIDERWISSEN UND DENKANSTÖSSE